他者とかかわる
心の発達心理学
子どもの社会性はどのように育つか

清水由紀・林 創 [編著]

金子書房

まえがき

　子どもの心は不思議です。生後直後から，驚くほど豊かな反応をしてくれますし，わずか数年で大人をも凌駕するような知識を見せてくれます。そのなかでも，もっとも不思議で興味深く，かつ人間らしい側面は，「他者とかかわる心」の発達ではないでしょうか。子どもたちは，いつの間にか目に見えない他者の心の存在に気づき，個性を理解し，善悪を判断していきます。社会性が豊かに育っていくのです。

　こうしたことから編者2人が確信していること，それは「発達心理学の世界は本当におもしろい！」です。授業をして，実験や調査をして，学会で話を聞いたり発表をしたりして，実際に子どもたちにふれて……，あらゆる場面でそう感じます。この発達心理学のおもしろさを，最先端の研究を紹介しながら活き活きとわかりやすく伝えたい！　それが本書『他者とかかわる心の発達心理学――子どもの社会性はどのように育つか』をつくるきっかけでした。

　この趣旨を実現するために，編者2人でどなたに執筆していただくか議論を重ねました。その結果，最前線で社会性の認知発達に関する研究をされており，それを授業の中で刺激的に伝えている新進気鋭の方々にお願いすることにしました。すなわち「よい研究者はよい教育者である」ことを体現されている方々です。学問のおもしろさは最前線を追う好奇心と探求心から生まれます。そして，それは教えることに熱意をもっていてこそ，豊かに伝わると思うのです。

　本書では，通常の発達テキストのように一般的な発達を記述するのではなく，「活きた」文章が詰まった本となるよう構成を工夫しました。執筆者の方々には，実際の研究の様子や執筆者の思いを，わかりやすい表現で存分に伝えていただけるようにお願いしました。つまり，子どもの発達を探求していくなかで研究者（執筆者）自身が感じているおもしろさ，興奮を，読者も追体験できるようにお書きいただきました。具体的には，子どもをめぐる素朴な疑問を，2つのリサーチクエスチョンの形にまとめ，各章の扉のページのタイトルに続けて明示しました。そして，これらの疑問を「どのように科学的な研究に乗せるのか」，さらに「結果をどう分析し解釈するのか」というプロセスを読者が追えるようにしました。そこにはどんな工夫が施され，どのような苦労が待ち受

けていたのか。各章の最後にあるコラムを読み終わる頃には，その領域の背景知識や研究のノウハウを知ることができるような構成となっています。

さらに，もう一つの本書の特色として，各章の執筆者には，研究成果だけでなく，そこで得られた成果から「教育や日常生活への示唆」を考えてもらいました。得られた成果からどう教育的意義を導き出せるかを考えることで，初めて発達心理学の研究が大きな意味をもつと考えられます。各章で「今後の展望と教育へのヒント」という節を設けているのは，こうした意図からなのです。

本書は，4部構成となっています。Ⅰ部「意図の理解と行動のコントロール」では，乳幼児期を中心に，指さしの理解や因果関係，そして行動の柔軟な切り替えといったテーマに焦点をあて，社会性の萌芽の豊かさをまとめています。Ⅱ部「他者の心を理解する心」では，幼児期から児童期を中心に，他者の心の理解とそれにもとづく道徳判断やパーソナリティ特性といったテーマに焦点をあて，社会性の深まりを描いています。Ⅲ部「他者とのやりとりを通してはぐくまれるもの」では，定型発達児とあわせて自閉症などの発達障害児を対象に，仲間関係や感情理解，そして他者に「教える」行為といったテーマに焦点をあて，他者とのやりとりを通して発達する社会性を紹介しています。Ⅳ部「社会性の発達を支える認知能力」では，乳幼児期を中心に肯定バイアスや記憶，想像世界といったテーマに焦点をあて，国際間比較のデータも紹介しながら社会性の発達の基盤となる認知能力を解説しています。

各部は3章ずつからなり，12のテーマに分かれていますので，大学でのさまざまな授業（講義・演習・ゼミ）で使っていただきやすい構成となっています。各章は密接に結びついているため，別の章への参照も可能なかぎり明示しました。それゆえ，関心のある章から自由に読んでいただくことができます。心理学を専門としている学部生や修士課程の大学院生のみなさんは，卒業論文や修士論文のテーマのヒントを見つけていただけることでしょう。さらには，具体的な研究手法やその工夫の記述，および各章での重要語句をまとめたキーワードは，研究の実施や論文執筆のプロセスにきっと役立つでしょう。また，研究者の方々だけでなく，現職の教員（幼・小・中・高・特別支援，養護など）や保育士などの方々にも，ぜひ読んでいただきたいと思います。実践場面でもちうる子どもについてのさまざまな「問い」に対し，本書を通じて解決のヒントを見出していただけるとともに，子どもへの接し方のあらたな面に気づかれる

ことと思います。ぜひ多くのみなさまにご一読いただき，ご批判を仰ぐことができればうれしく存じます。

　最後になりましたが，金子書房編集部の渡部淳子さんには，本書の出版までいつも温かく励ましてくださりご尽力いただきました。心より感謝申しあげます。そして，本書の趣旨をご理解いただき，玉稿をお寄せくださった各章の執筆者の方々に深く感謝申しあげます。

　2012年1月

清水由紀・林　創

目　次

まえがき　　清水由紀・林　創　　i

I部　意図の理解と行動のコントロール　　1

1章　指さしの芽生えと言葉の発達　　岸本　健　　3
1　指さしからわかる幼児の社会性の発達　　4
2　幼児の指さしは，養育者から言葉によるかかわりかけを引き出すか？　　12
3　今後の展望と教育へのヒント　　15

2章　乳児における人やモノの動きの因果性と意図の認識　　小杉大輔　　21
1　乳児における物理的因果性と心理的因果性に関する研究の流れ　　22
2　乳児は人の意図的ではない動きをどのように認知するか　　29
3　今後の展望と教育へのヒント　　31

3章　心のしなやかさと切り替えの獲得　　森口佑介　　39
1　実行機能と社会性　　40
2　実行機能の発達と脳内機構　　45
3　今後の展望と教育へのヒント　　48

II部　他者の心を理解する心　　55

4章　自他の心の理解の始まり　　瀬野由衣　　57
1　心の理解に関する研究史　　58
2　出発点をアクチュアルな子どもの世界に据える　　64
3　今後の展望と教育へのヒント　　67

5章　人の行為の良い悪いのとらえ方　　林　創　75
　　1　道徳性の発達心理学的研究　76
　　2　幼児期から児童期の道徳性の発達　82
　　3　今後の展望と教育へのヒント　85

6章　子どもの認知する「その人らしさ」　　清水由紀　93
　　1　「個性」の推論　94
　　2　子どもは他者の「個性」をどのように理解していくか　98
　　3　今後の展望と教育へのヒント　106

Ⅲ部　他者とのやりとりを通してはぐくまれるもの　111

7章　子どもの遊びと仲間との相互作用のきっかけ　　松井愛奈　113
　　1　仲間との遊びや相互作用開始の様相　114
　　2　相互作用のきっかけと年齢差，遊び場面との関連　116
　　3　今後の展望と教育へのヒント　125

8章　人が抱く感情についての理解　　麻生良太　129
　　1　「人が抱く感情」と「その感情が生起した原因」との
　　　　つながりの認識　130
　　2　子どもは人との相互作用で生起する感情をいつ頃から
　　　　理解しているか　134
　　3　今後の展望と教育へのヒント　141

9章　教える行動の発達と障害　　赤木和重　147
　　1　教示行為の発達研究はどのようにおこなわれてきたか　148
　　2　教示行為の発達的起源および高次な教示行為をさぐる　151
　　3　今後の展望と教育へのヒント　159

Ⅳ部　社会性の発達を支える認知能力　　165

10章　子どもが「うん」と言ってしまう不思議　　大神田麻子　　167
1　子どもの「はい／いいえ」質問への答え方　　168
2　どうして「うん」なのか　　173
3　今後の展望と教育へのヒント　　177

11章　子どもにとっての幼少期の思い出　　上原　泉　　183
1　幼少期の記憶の発達と謎　　184
2　幼少期の記憶はどのように残っていくのか？
　：研究を通してわかったこと　　186
3　今後の展望と教育へのヒント　　192

12章　子どもの想像世界と現実　　富田昌平　　197
1　想像世界のリアリティ　　198
2　想像世界のリアリティの発達過程　　200
3　今後の展望と教育へのヒント　　206

索引　　214
Column　　19, 37, 53, 73, 92, 109, 128, 145, 164, 181, 196, 213
Key Words　　6, 30, 40, 63, 79, 95, 114, 135, 155, 175, 187, 201

部扉写真撮影／平田祐也
撮影協力／埼玉大学学内保育施設そよかぜ保育室
装幀／中濱健治

I 部
意図の理解と行動のコントロール

1章
指さしの芽生えと言葉の発達

岸本　健

リサーチクエスチョン **Q** 幼児の指さしは大人の指さしと同じか？
幼児の指さしは後の言葉とどうかかわっている？

　私が幼児の指さしの研究を始めたのは大学院に進学してしばらくたった頃でした。幼児の研究をしたいと考え，保育園にお邪魔したものの，研究テーマが決まらず，ぼんやり幼児を観察していた時のことです。体調が悪く，布団で横になっていた女の子，そばには保育士さんがいました。そこへ1歳半くらいの男の子がやってきて，「あ，あ」と言いながら横になっていた女の子を指さしました。保育士さんはそれに対して，「うん，○○ちゃん，ねんねしてるね」と答えました。

　その光景を見た瞬間，私は衝撃を受けました。言葉も話せない幼児が保育士さんと「会話」しているのです！何を考えているのかわからない存在として幼児をとらえていた私は，この瞬間から幼児を「自分の考えを相手に伝えようとする強い社会性を帯びた存在」と思うようになりました。この男の子が指さしを行った瞬間，そして私が「幼児の心の中で何が起きているのか知りたい」と，研究テーマを決めたこの瞬間を，私は今でも鮮明に思い出せます。

　幼児の指さしは，幼児の社会性の発達について私たちに何を教えてくれるのでしょう。そして言葉の代わりに用いられていた幼児の指さしは，後の言葉の発達とどのように関連しているのでしょう。本章ではこれらの問題について，考えていきたいと思います。

1　指さしからわかる幼児の社会性の発達

1)　指さしに含まれた社会性

　指さしとは，左右一方の腕と人さし指を伸展させ，環境内の特定の対象や方向に向ける行動です（図1-1）。このように定義するととても堅苦しい印象を受けるかもしれませんが，指さしは日常生活でたいへんよく見られる，ありふれた行動の1つといえるでしょう。この指さしが，幼児の社会性の発達に関心をもつ多くの研究者から注目を集めています。

　なぜありふれた行動である指さしが大きな注目を集めているのでしょうか。幼児の指さしの発達に話題を移す前に，この点について説明したいと思います。

　次のような状況を思い浮かべてください。あなたは喫茶店で友人と話をしていました。友人がトイレに立った際，友人のポケットから財布が落ちましたが，友人はそのままトイレに向かおうとしています。

　このとき，あなたはどのような行動をとるでしょうか。恐らく，あなたは落ちた財布を指さして友人に財布が落ちたことを教えるのではないでしょうか。

　このエピソードから，指さしの有する2つの社会的な性質を読み取ることができます。第一に，指さしは相手の心の状態を推測したうえで産出されるということです。上記のエピソードの場合，あなたは「友人が財布を落としたことに気づいていない」ということを推測し指さしを行いました。このように，私たちは相手の心の状態を理解し，相手がある特定の事柄を「知らない」状態から「知っている」状態へと変化させるために指さしを用います。こういった，他者の心の状態を推測する能力は「心の理論」と呼ばれます（4章参照）。人間がいつ頃から心の理論をもつようになるのか，そして心の理論はどのように発達するのかについてはこの30年間に膨大な研究がなされており，論争は今も続

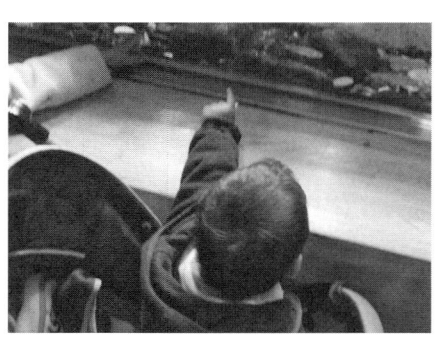

図1-1　11カ月齢男児による指さしの例
　この指さしはこの男児の最初の指さしでした。

いています（Baillargeon et al., 2010; Doherty, 2009）。社会生活を送る私たち人間は多くの場面で相手の心の状態を推測し，自分の行動を決定しています。相手の心の状態を推測する能力である心の理論を有することは，人間の社会性を特徴づける重要な性質の1つであるといえるでしょう。幼児の行う指さしは，幼児の心の理論の発達を調べるための手がかりとして注目されているのです。

　第二に，指さしは自分のためだけに産出されるのではなく，相手のために産出される場合があるということです。上記のエピソードの場合，あなたは財布を落としたことに気づいていない友人のため，指さしをして財布が落ちたことを教えました。あなたが指さしをし，友人に財布の位置を教えることによって，友人は財布を紛失しないですみます。このように，指さしには「相手にとって必要な情報を与える」という利他的な側面があります。

　私たち人間は他者と協力して1つの目標を成し遂げます。ほかの動物には見られない，人間の特徴の1つは，さまざまな場面で他者に対して協力的な行動をとる点といえるでしょう。こういった，人間の協力的な行動を支えているのは「相手のために行動したい」という**利他的な動機づけ**です。こういった利他的な動機づけをもつことは，心の理論と並んで人間の社会性を特徴づける性質の1つといえるでしょう。この動機づけを人間は生得的に有しているのか，それとも社会生活の中で身につけていくのかという謎を解くうえで，「発達的にいつ頃から人間は利他的な動機づけに基づいて行動できるのか」という問いに答えることはたいへん有益です。なぜなら，もし生後間もないころから人間が利他的に振る舞えるのならば，人間は生得的に利他的な動機づけを有している可能性が高いと考えられるからです。幼児の産出する指さしには，もしかしたら相手の知らない情報を教えるという利他的な動機づけがすでに備わっているのかもしれない。人間の利他性の発達的起源を調べるための手がかりとして，幼児の指さしが注目されているのです。

　以上，幼児の指さしがなぜ幼児の社会性の発達に関心をもつ研究者から注目を集めているのかについて簡単に説明してきました。ここまでの議論の詳細はトマセロらの研究（Tomasello et al., 2007）などにおいて詳しく述べられていますので参照してください。それでは次に，幼児の指さしの発達について述べていきましょう。

2) 幼児による指さしの芽生え

　定型発達児による指さしが開始されるのは，生後11カ月齢から12カ月齢頃です（Carpenter et al., 1998）。幼児の指さしはどのように獲得されるのでしょうか。

　実は，この問題については古くから議論が行われているにもかかわらず，現時点ではっきりしたことはほとんどわかっていません。しかしながら，近年になって少しずつ，実験的検討が行われるようになってきました。

　リシュコフスキとトマセロ（Liszkowski & Tomasello, 2011）は，観察と実験を通し，12カ月齢児のうち，人さし指によって指さしをする幼児と，まだ指さしの行えない，人さし指ではなくすべての指を伸展させる，いわゆる「手さし」を行う幼児とで，どのような点が異なるのかを検討しました。彼らはまず，人形やポスターなどの散りばめられた「装飾された部屋（decorated room）」で12カ月齢児とその母親（39組）の相互作用の様子を5分間観察しました。こ

Key Words

▶ 指さし（pointing gesture）　→ 4ページ

　左右一方の腕と人さし指を伸展させ，環境内の特定の対象や方向に向ける行動。人間の場合，生後12カ月齢頃から指さしが開始されることが多くの文化圏で確認されている（Liszkowski, 2011）。一方，人間以外の霊長類において，個体どうしで指さしが行われたとする報告はほとんどない（Tomasello, 2006）。

▶ 心の理論（theory of mind）　→ 4ページ

　他者の行動から，他者の「目的」や「意図」，「知識」などの心を推測する能力のこと。この場合の「心」は，「情的なこころ」というよりも「心」の知的，意思的な面をさす場合が多い（子安，2000）。4章も参照。

▶ 利他的な動機づけ（altruistic motivation）　→ 5ページ

　自分の利益とは関係なく，相手にのみ利益となるよう行動するように方向づける機能あるいは力のこと。こういった動機づけが人間に生来備わっているのか，それとも文化的に形成されるのかについては議論がある（Warneken & Tomasello, 2009）。

の観察から，人さし指によって指さしを行った幼児は全体の約半分であり，残りの半分は，手さしだけを行う，あるいは指さしをまったく行わなかった幼児でした。続いて，人さし指で指さしを行った12カ月齢児と手さしのみを行った12カ月齢児で，大人の行う指さしの理解の能力に違いがあるかが調べられました。幼児による指さしの理解の能力を測る課題には，次のようなものが含まれていました。それは，対象物の周囲に遮蔽物が設けられ，大人からは対象物が見える一方，12カ月齢児からは対象物の正確な位置が見えない状況を設定し，大人が対象物を指さした場合に，12カ月齢児がその遮蔽物を回り込んで対象物を見に来るかを調べるというものでした。この課題では，遮蔽物があるために12カ月齢児から対象物を直接見ることはできません。したがって，12カ月齢児は大人の指さしから，「あの大人は指をさして自分には見えていない対象物を示しているのだ」ということを思い浮かべなければ，対象物へたどりつくことはできません。実験の結果，遮蔽物を回り込んで対象物を見に来る割合は，手さしのみを行った12カ月齢児と比較して人さし指で指さしを行った12カ月齢児のほうが約2倍高いことがわかりました。

さらに，人さし指で指さしを行った12カ月齢児と手さしのみを行った12カ月齢児で，呈示された大人の行動を模倣し再現する課題の成績に違いがあるかが調べられました。分析の結果，人さし指で指さしを行った12カ月齢児と手さしのみを行った12カ月齢児とで成績に違いがあるとはいえませんでした。

この実験結果（Liszkowski & Tomasello, 2011）から，次の2つのことがわかります。まず，12カ月齢児が人さし指で指さしを行うかどうかは，大人の行う指さしを適切に理解できるかどうかと関連していました。このことは，12カ月齢児による人さし指での指さしが，大人の指さしを介したコミュニケーションの中で培われる可能性を示唆しています。一方，12カ月齢児が人さし指で指さしを行うかどうかは，大人の行動を模倣する能力とは関連があるとは言えませんでした。この結果は，12カ月齢児の人さし指での指さしが大人の指さしを模倣するという形で培われる可能性が低いことを示唆しています。

これら2つの結果から，次のようなことが考えられます。おそらく12カ月齢児による人さし指での指さしは，大人の指さしを単純に模倣して獲得されるのではありません。幼児は大人とのやりとりの中で，大人から指さしをされ，大人と一緒に同じ対象物を見るという経験をします。こういった経験の中で，幼

児は大人の指さしが単純に自分の注意を特定の方向へ誘導させる行動なのではなく，大人が何らかの意図で自分に何かを見せようとする行動なのであるということに気づきます。こうした気づきが，幼児自身による指さしの産出を促すのかもしれません（ベーネら〈Behne et al., 2011〉も同様の研究結果を報告しています）。大人とのやりとりの中で幼児が1度でも指さしを産出すれば，大人は敏感に反応して喜び，再び指さしをするよう幼児に促すことでしょう。こういったやりとりの中で，幼児は指さしをスムーズに獲得できるのかもしれません。

3） 幼児による指さしの社会性

この節の冒頭で，人間の行う指さしには，他者の心の状態を推測する「心の理論」と，他者のために行動したいとする「利他的な動機づけ」という，人間の社会性を特徴づける性質が含まれていることを述べました。幼児は生後11カ月齢から12カ月齢頃に指さしを獲得することを先ほど述べましたが，幼児が指さしを開始したその時から，その指さしにはすでに「心の理論」や「利他的な動機づけ」が含まれているのでしょうか。まずは，幼児の指さしと「心の理論」の問題，つまり幼児が相手の心の状態を推測して指さしをしているかどうかという点から考えてみましょう。

リシュコフスキ（Liszkowski et al., 2004）は，指さしを開始する12カ月齢頃から，幼児が指さしによって，相手の注意だけでなく，相手の「関心」という「心の状態」をも自分の意図する対象へ向けさせようとしていることを実験的に示しました。

次のような場面を想像してみましょう。あなたは幼児に絵本を読んであげています。不意に，幼児が絵本の中の自動車の挿絵を指さしました。これに対し，あなたはどのように反応しますか？　おそらくあなたは，自動車の挿絵と幼児とを見つつ，「ブーブーだね」などと答えるのではないでしょうか。こういった幼児の指さしに対する典型的な反応を詳しく見てみると，大人は幼児の指さしに対し，指さされた対象物へ注意を向けることだけをしているのではないことがわかります。大人はここで「ブーブーだね」などと答え，自分が幼児の指さした対象物に「関心がある」ということを幼児に示しています。相手が自分の指さした対象に関心があるかないか，というのは，相手の心の状態の一部で

す。もし幼児が指さしの際，相手の心の状態を推測しているのであれば，幼児の指さしの後，大人がその対象に関心を示した場合と示さなかった場合とで，幼児の様子に違いが見られると予想されます。

　リシュコフスキら（Liszkowski et al., 2004）はこれを実験で確かめました。まず，大人の実験者と12カ月齢児とが向かい合って座ります。すると，実験者の背後に人形などの対象物が出現します。12カ月齢児がその対象物を指さした場合に，対面する実験者は4種類の異なった反応を示しました。幼児の指さし後に実験者のとる反応は以下の4種類でした。

　①「共同注意」条件：実験者が背後に出現した対象物と幼児とを交互に見ながら，「わあ，あれはなあに？」などと発声する。

　②「顔」条件：実験者は背後に出現した対象物を一切見ず，幼児を直視して「わあ，今日は調子良さそうね！」などと発声する。

　③「対象物」条件：実験者は幼児のほうを見ず，背後に出現した対象物だけを見る。この時，実験者は表情を変化させたり発声したりしない。

　④「無視」条件：実験者は自分の手だけを直視し，背後に出現した対象物と幼児の顔を見ない。実験者は手を擦るなどのしぐさをするが，表情を変化させたり発声したりしない。

　これらの条件のうち，①は私たち大人が幼児の指さしに対して示す典型的な反応です。②は，大人がポジティブな感情を示すという点で①と同じですが，幼児の指さした対象物を見ない点が異なります。③は大人が幼児の指さした対象物を見る点で①と同じですが，その対象物へ関心を示さない点が①と異なります。④は幼児の指さした対象物も見ず，また関心も示さない条件となっています。これらの条件で，幼児の指さし後の行動が検討されました。

　分析の結果，幼児は①の条件において，ほかの3つの条件と比較してもっとも指さしを繰り返さず，また1回あたりの指さしを長く呈示していました。①の条件において幼児が指さしを繰り返さなかったのは，実験者が自分（幼児）の意図した対象へ注意を向けたこと，さらにその対象に関して発言を行ったことから，実験者がその対象へ「関心」を向けたことを幼児が把握し，指さしを繰り返して自身の意図した対象物を強調する必要がないと判断したためと考えられます。さらに，①の条件において幼児が指さしを長く呈示したのは，幼児が自分の意図した対象に関して実験者とできるだけ長く関心を共有しようとし

たためと考えられます。これらの結果は，幼児が指さしを行う際，相手が何に関心を向けているのかといった，相手の心の状態を推測していることを示しています。相手の心の状態を推測する能力である「心の理論」は4歳齢頃から発達するとされていますが（Doherty, 2009），自身の意図した対象へ相手の関心を向けさせようとする幼児の指さしには，こういった心の理論の萌芽を見ることができます。

リシュコフスキらの研究（Liszkowski et al., 2004）以降，1歳齢児の指さしが相手の心の状態の理解にもとづいてなされていることを示す研究がいくつか報告されています（Liszkowski et al., 2007; 岸本，2011：図1−2）。これらの研究が示すように，幼児は指さしを開始した直後である12カ月齢頃から，すでに相手の心の状態をある程度推測しながら指さしを行っているようです。

「利他的な動機づけ」に関してはどうでしょうか。1節では，相手の落とした財布を教えるために指さしをするという例をあげました。このとき，落ちた財布に気づくことによって利益を受けるのは相手のほうであり，指さしを行ったほうではありません。つまりこの指さしは利他的に行われています。こういった，相手の知らない情報を教えるために行われる利他的な指さしを，幼児はいつごろから行うことができるのでしょうか。

リシュコフスキら（Liszkowski et al., 2006）は，指さしを開始して間もない12カ月齢の幼児であっても，相手に教えるために指さしを行えるのかどうかを

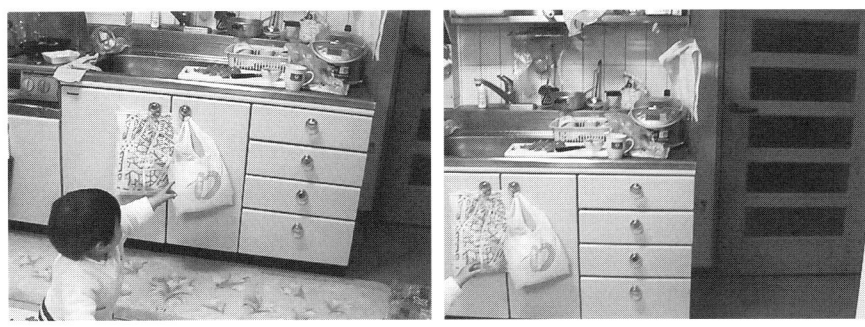

図1−2　12カ月齢女児による「その場にいない母親」への指さし（岸本，2011より）
扉の向こうへ行ってしまった母親を指さしています。「かつてそこにいた母親」を指さして相手に示すには，女児が「かつてそこに母親がいたことを相手も知っている」という，相手の心の状態を理解できなければならないはずです。

検討しました。実験室において、12カ月齢児と大人の実験者は、机を介して対面して着席します。実験者は、幼児の好んで遊びそうな人形などのおもちゃを3個、ペンなど大人の使用しそうなものを3個の合計6個の対象物を、1個ずつ呈示します。おもちゃが呈示された場合、実験者は幼児とそのおもちゃで遊びます。一方、大人の使用しそうなものが呈示された場合、実験者だけがそれを扱い、幼児はその様子を見るだけです。対象物が呈示された後、実験者がよそ見をしているうちに、それらの対象物が地面に落ちます。対象物が落ちた後、実験者は驚いた様子であたりを見回し、「あれはどこにいったの？　あの（対象物の名称）はどこ？」と言います。この後、12カ月齢児が指さしをするかどうかが検討されました。この実験では、12カ月齢児が先ほどまで遊んでいたおもちゃだけでなく、実験者だけが使用していた対象物、つまり幼児にはまったく関連のないペンなどに対しても指さしを行うのかが調べられました。もし幼児が利他的な動機づけにもとづき、相手に教えるために指さしを行うなら、幼児自身には何の関連もない、実験者だけが扱っていた対象物に対しても、指さしをすると考えられます。

　結果はこの予測を支持しました。12カ月齢児は自分の遊んでいたおもちゃだけでなく、自分自身には関連ないが実験者には関連のあるペンなどに対しても指さしを行いました。この結果は、12カ月齢児が自分の利益だけでなく、相手の利益のために指さしを行うことを示唆しています。つまり、指さしを開始した12カ月齢頃の幼児は、他者のためという「利他的な動機づけ」にもとづき指さしを行うことができると考えられます。この実験を実施したリシュコフスキらはさらに条件を統制したうえで実験を行い、12カ月齢児が利他的な動機づけにもとづき指さしを行っていることを確かめています（Liszkowski et al., 2006; Liszkowski et al., 2008）。

　ここまで、幼児の指さしに含まれる社会性について説明してきました。紹介してきた実験結果は、人間の社会性を特徴づける人間の性質である「心の理論」と「利他的な動機づけ」の萌芽が、幼児の指さし、それも獲得されて間もない12カ月齢児の指さしの中にすでに見られることを示しています。ただ、これらの実験結果に関しては別の解釈の可能性が指摘されていますし（たとえばSouthgate et al., 2007）、指さしの獲得直後から幼児が上記のような社会性の含まれた指さしを行えるわけではなく、徐々にできるようになっていくことを指

1章　指さしの芽生えと言葉の発達　●　11

摘する研究もあります（福山・明和，2011）。とはいえ，幼児による指さしの獲得が，彼らの社会性の発達における画期的な一歩であることは間違いないといえるでしょう。

2　幼児の指さしは，養育者から言葉によるかかわりかけを引き出すか？

1）　幼児の指さしと言葉の発達との関連性

　ここまで，幼児の指さしに見られる彼らの社会性の発達について概観してきました。指さしを獲得する12カ月齢頃というのは，初めての単語（初語）をしゃべれるようになるかどうかの時期であり，この時期の幼児が言葉を用いたコミュニケーションを大人と行うことはほとんどできません。しかし紹介してきたように，指さしを獲得した幼児は，言葉はなくとも指さしによって，他者と豊かなコミュニケーションを行うことができます。これは換言すれば，大人が言葉で行っていること（たとえば「教える」といった行動）を，幼児は言葉の代わりに指さしによって行っているということです。それでは，言葉によるコミュニケーションの代わりに行われる幼児の指さしは，後の言葉によるコミュニケーションと何か関連性があるのでしょうか。

　実は，幼児の指さしが後の言葉によるコミュニケーションと関連性を有しているのではないかということは，古くから考えられてきたことでした（たとえば，Werner & Kaplan, 1963）。そして実際に，近年のいくつかの研究において，幼児の指さしの産出と，後の言葉の発達との間に有意な関連性が見出されています。たとえばカマイオーニら（Camaioni et al., 1991）は，幼児が12カ月齢の時点で産出した指さしの量が，20カ月齢の時点で表出できる言葉の量を予測することを報告しています。また，ロウら（Rowe et al., 2008）は，42カ月齢児によって理解できる言葉の量が，その幼児が14カ月齢時に指さした対象の種類の数によって予測されることを示しました。これらの研究結果は，幼児の指さしによるコミュニケーションが後の言葉によるコミュニケーションと関連性を有していることを示唆しています。

　このように，近年の複数の研究において，言葉を操ることのできない時期である1歳齢頃の幼児の行う指さしが，後の幼児の言葉によるコミュニケーションと関連性を有していることが示されつつあります。まだ実証的な研究を積み

あげていく必要があるものの，幼児の指さしが後の言葉によるコミュニケーションと関連性を有していることは確からしいように思われます。

2) 大人とのコミュニケーションを促進する幼児の指さし

　幼児の指さしはなぜ後の言葉によるコミュニケーションと関連しているのでしょうか。幼児の指さしと後の言葉によるコミュニケーションとが関連している理由の1つは，幼児の指さしが周囲の大人から言葉による応答を引き出し，幼児が言葉を習得する機会をつくりあげる機能を有するからかもしれません。先ほど，幼児が指さしをするとみなさんがどのように反応するかをご想像いただきました。幼児が車を指させば，みなさんは「ブーブーね」と言葉で応答するのではないでしょうか。こういった言葉による応答が，幼児の言葉の学習の機会になっている可能性を指摘できます。

　幼児の指さしは養育者から言葉による応答を引き出す機能を有しているのでしょうか。これを確かめるには，幼児の指さし後に養育者が言葉によるかかわりかけを行うことを示すだけでは足りません。なぜなら，幼児が指さしをしなくとも，養育者は幼児に対して言葉によるかかわりかけを行う可能性があるからです。幼児の指さしが養育者から言葉による応答を引き出す機能があることを示すには，幼児の指さしとは関係のない場面と比較して，幼児が指さしをした直後において養育者がとくに言葉によるかかわりかけを行うことを示さなければなりません。

　そこで私たちは，保育園の室内自由遊び時間において，13名の1歳齢保育園児を対象とした観察を行いました。観察時，室内には4名の女性保育士がおり，園児が指さしを行うと，これらの保育士から言葉によるかかわりかけを受けるのかについて検討しました。

　私たちは，20分間の個体追跡観察（観察する対象を一定時間追跡する観察手法：Martin & Bateson, 1993）を園児1名につき16回実施しました。観察は2回ごとに1週間以内の別の日の同じ時刻に開始されました。

　観察していた園児が指さしを行った場合，指さし後の120秒間を「指さし後場面」としました。指さし後場面との比較に用いる統制場面は，別の日の同じ時刻から開始されたもう一方の観察における，指さし後場面の開始時刻と同時刻からの120秒間が選ばれました（図1-3）。統制場面は，幼児の指さしとは

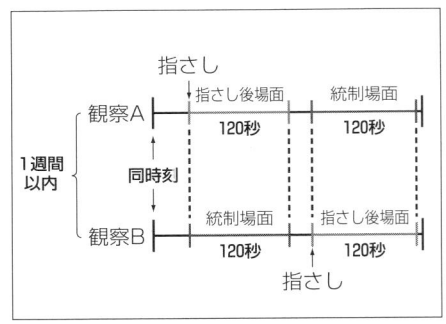

図1-3 観察手続きの模式図

観察A,観察Bはそれぞれ,1回20分間の観察を意味しています。こういった2回ずつの観察を園児1名につき8回,計16回実施しました。

関連のない場面である点が指さし後場面とは異なります。この手続きにより,284の指さし後場面と統制場面のペアが抽出されました。2つの場面それぞれについて,保育士から幼児に向けられた発話が記録されました。

図1-4は,指さし後場面と統制場面との間で,保育士が最初に園児に対して言葉によるかかわりかけを行うまでの時間の分布を表しています。分析の結果,これらの分布は有意に異なっていることがわかりました。さらに分布の形状から,園児の指さしから5秒以内に,保育士は発話を行うことが明らかになりました。このことから,保育士からのかかわりかけが,園児の指さしとは関係のない場面と比較して園児の指さし後に早く生起することがわかります。これは園児の指さしが保育士から言葉によるかかわりかけを引き出していることを表しています

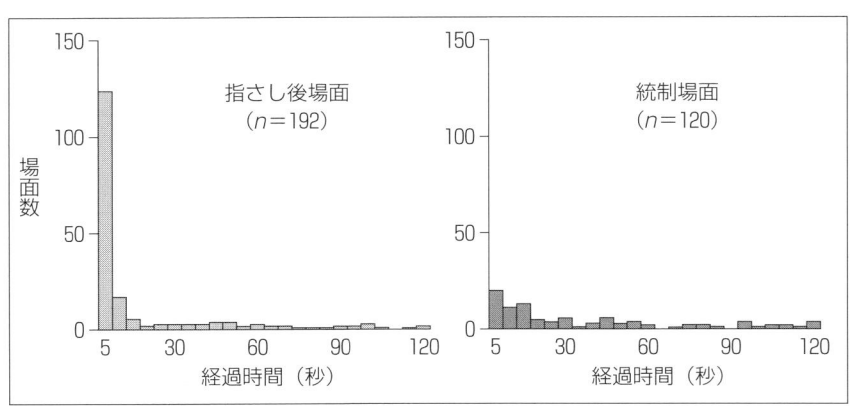

図1-4 指さし後場面と統制場面における,保育士から観察対象児への最初の言葉によるかかわりかけが行われるまでの時間の分布

指さし後場面と統制場面で場面数（nの数）が異なるのは,120秒以内に言葉によるかかわりかけのあった場面だけを分析しているためです。

(Kishimoto et al., 2007)。

　この結果から，幼児の指さしは養育者から言葉によるかかわりかけを引き出す性質を有していることがわかりました。この結果は，まだ言葉を十分に操れない幼児が，指さしによって養育者から言葉を学ぶ機会を積極的につくりだしている可能性を示唆しています。

3　今後の展望と教育へのヒント

　ここまで，幼児の指さしについて，「指さしに含まれる社会性」に関する実験的研究と，私の実施した「大人からの言語的なかかわりかけを引き出す指さし」に関する観察研究について紹介してきました。これらの研究において対象となった幼児に共通しているのは，相手の気づいていない対象物を指さす場合であれ，自分のほしい対象物を指さす場合であれ，幼児は指さしを行った瞬間，指さしを向けた対象物に対して強い関心を示していること，そして「自分がその対象物に関心を示していること」を周囲の大人へ積極的に示しているということです。それは換言すれば，幼児が指さしをしながら，「私はいま指さしを向けている対象物に関心がある」という心の状態を表出しているということです。

　これは，幼児の指さしを子育て場面で応用する際にヒントになるかもしれません。幼児の指さしによって，幼児の関心の所在を大人が即時的に知ることができることには大きなメリットがある可能性があります。それは，大人が言葉を教えるタイミングとして幼児の指さしを利用できる可能性です。幼児が大人から言葉を習得するうえで，大人と幼児とが同じ対象物を見ている際に大人がその対象物の名前や性質を教えることが有効であることが指摘されていますが，とくに幼児が「すでに注意を向けている対象物」に養育者が注意を向け，その対象物について教えることが有効であることが示されています（Tomasello & Farrar, 1986）。これは，換言すれば「幼児がその瞬間，興味をもって見ているもの」について養育者が教えることが，幼児の言葉の習得に有効であるということです。幼児が何らかの対象物へ指さしを向けた瞬間というのはまさに幼児がその対象物に興味を示した瞬間です。幼児が指さしをした直後にその対象物へ大人も注意を向け，その対象物に関してコメントをするのは，幼児の言葉の

発達にポジティブに作用すると考えられます。実際，幼児が対象物を指さした後，母親によって口頭でその対象物の名称を示された場合，幼児はその対象物の名称を早く口頭で発するようになることが研究から明らかとなっています（Goldin-Meadow et al., 2007）。

　また，なぜ幼児が指さしによって自分の関心の所在をさらけ出すのかという問題は，発達心理学だけでなく，比較行動学の文脈から見ても興味深い案件です。というのは，人間以外の動物で，指さしなどによって「自分が何を見ているか」を積極的に示すものはほとんどいないからです。そのようななか，幼児が指さしをして自分の関心の所在を表出するのは，もしかしたら親子間のコミュニケーションにおいてメリットをもつからかもしれません。

　指さしを行うことのできない生後1歳未満の乳幼児も，表情などによって自分自身の心の状態を周囲に示すことは可能です。たとえば乳幼児は「泣き」という表情によって「不快である」という心の状態を周囲に示すことができます。しかし表情だけでは，「何について不快なのか」「なぜ不快なのか」を表現することは困難です。それは乳幼児の泣いている理由を親が考えねばならない状況に端的に表れます。激しく泣いている乳幼児は，オムツが濡れているから泣いているのか，お腹がすいているから泣いているのか。乳幼児の泣きだけから，どれが本当の理由なのかを的中させるのはたいへん難しいように思います。もし乳幼児が泣きながらオムツを指させば，乳幼児が何について泣いているのか，なぜ泣いているのかについて推測するのが格段に容易となるでしょう。また乳幼児も，自分の不快の理由を親に示すことができれば，不快の状態からいち早く脱却できると思われます。

　親にとって，赤ちゃんの世話は大きな負担のかかるたいへんな作業です。しかしこのように，子が自分の心の状態を指さしによって積極的に伝えられること，そして親が子の心の状態を子の指さしから容易に把握できることは，親子双方にとって効率のよいことなのかもしれません（長谷川，〈2005〉も，同様の議論を展開しています）。親子関係の進化という大きな文脈でとらえたとき，幼児の指さしの果たす役割はどのようなものだったのか，謎はつきません。

　言葉のしゃべれない幼児の指さしはたいへんありふれた行動です。にもかかわらず，指さしについてはまだ謎が残されたままです。人さし指をピンと伸展させ必死に何かを訴える幼児の姿に，私を含む多くの研究者が魅了され，その

謎に挑戦しています。

引用文献

Baillargeon, R., Scott, R. M., & He, Z. (2010). False-belief understanding in infants. *Trends in Cognitive Sciences*, 14, 110-118.

Behne, T., Liszkowski, U., Carpenter, M., & Tomasello, M. (2011). Twelve-month-olds' comprehension and production of pointing. *British Journal of Developmental Psychology*. Advance online publication.

Camaioni, L., Caselli, M. C., Longobardi, E., & Volterra, V. (1991). A parent report instrument for early language assessment. *First Language*, 11, 345-359.

Carpenter, M., Nagell, K., & Tomasello, M. (1998). Social cognition, joint attention, and communicative competence from 9 to 15 months of age. *Monographs of the Society for Research in Child Development*, 63 (4, Serial No. 255).

Doherty, M. J. (2009). *Theory of mind: How children understand others' thoughts and feelings*. Hove, UK: Psychology Press.

Goldin-Meadow, S., Goodrich, W., Sauer, E., & Iverson, J. (2007). Young children use their hands to tell their mothers what to say. *Developmental Science*, 10, 778-785.

福山寛志・明和政子（2011）．1歳児における叙述の指さしと他者との共有経験理解との関連．発達心理学研究，22，140-148．

長谷川寿一（2005）．視線理解研究の意義とこれから．遠藤利彦（編）読む目・読まれる目．東京大学出版会．pp.203-208．

岸本 健（2011）．日常場面で観察された1歳齢幼児の映像的身振りと不在事象への指さしに関する事例報告．子育て研究，1，19-29．

Kishimoto, T., Shizawa, Y., Yasuda, J., Hinobayashi, T., & Minami, T. (2007). Do pointing gestures by infants provoke comments from adults? *Infant Behavior and Development*, 30, 562-567.

子安増生（2000）．心の理論——心を読む心の科学．岩波書店．

Liszkowski, U. (2011). Three lines in the emergence of prelinguistic communication and social cognition. *Journal of Cognitive Education and Psychology*, 10, 32-43.

Liszkowski, U., Carpenter, M., Henning, A., Striano, T., & Tomasello, M. (2004). Twelve-month-olds point to share attention and interest. *Developmental Science*, 7, 297-307.

Liszkowski, U., Carpenter, M., Striano, T., & Tomasello, M. (2006). Twelve-and 18-month-olds point to provide information for others. *Journal of Cognition and Development*, **7**, 173-187.

Liszkowski, U., Carpenter, M., & Tomasello, M. (2007). Pointing out new news, old news, and absent references at 12 months of age. *Developmental Science*, **10**, F1-F7.

Liszkowski, U., Carpenter, M., & Tomasello, M. (2008). Twelve-month-olds communicate helpfully and appropriately for knowledgeable and ignorant partners. *Cognition*, **108**, 732-739.

Liszkowski, U., & Tomasello, M. (2011). Individual differences in social, cognitive, and morphological aspects of infant pointing. *Cognitive Development*, **26**, 16-29.

Martin, P. R., & Bateson, P. (1993). *Measuring behaviour: An introductory guide. 2nd ed.* Cambridge: Cambridge University Press.

Rowe, M.L., Özçalışkan, S., & Goldin-Meadow, S. (2008). Learning words by hand: Gesture's role in predicting vocabulary development. *First Language*, **28**, 182-199.

Southgate, V., van Maanen, C., & Csibra, G. (2007). Infant pointing: Communication to cooperate or communication to learn? *Child Development*, **78**, 735-740.

Tomasello, M. (2006). Why don't apes point? In N. Enfield & S. C. Levinson (Eds.), *Roots of human society: Culture, cognition and interaction.* pp. 506-524. London: Berg.

Tomasello, M., Carpenter, M., & Liszkowski, U. (2007). A new look at infant pointing. *Child Development*, **78**, 705-722.

Tomasello, M., & Farrar, M. J. (1986). Joint attention and early language. *Child Development*, **57**, 1454-1463.

Warneken, F., & Tomasello, M. (2009). The roots of human altruism. *British Journal of Psychology,* **100**, 445-471.

Werner, H., & Kaplan, B. (1963). *Symbol formation: An organismic developmental approach to language and the expression of thought.* New York: John Wiley.

Column

● この研究を始めたきっかけは？

　本章の冒頭でも述べたように，私がこの研究を始めたきっかけは，布団で横になっていた女児に対して向けられた1歳半頃の男児の指さしと，それに言葉で応じる保育士さんの姿を保育園で目撃したことでした。直観的に，「このやりとりは絶対に重要だ」と確信したことを覚えています。この確信の根拠はいまだによくわかりません。これが知りたくて，今も研究を続けている気もします。

● 一番工夫した点は？

　私はかつて，人間を含めた霊長類の行動発達について検討する研究室に所属していました。そこでは，ニホンザルなど，人間以外の霊長類を研究対象とする研究者と議論する機会がたくさんありました。こういった研究者とのやりとりの中で，行動学的な手法，すなわち動物を観察する際の技法や分析法を数多く学ぶことができました。「統制場面を設ける」という私の研究の方法も，こういったやりとりから学んだ工夫の1つです。

● 一番苦労した点は？

　私は保育園で幼児と保育士さんとの日常場面を観察し，幼児の指さしについて調べました。苦労したのは，幼児が自発的に指さしするのをじっと待ち，指さしを行った瞬間を見逃さないという点です。いくら指さしを観察したいといっても，私が願った瞬間に幼児が指さしをしてはくれません。このため，幼児の指さしを見逃さないよう，長時間粘り強く観察する必要がありました。結果として，研究に必要なデータの収集に1年を費やしました。

● こんなところがおもしろい！

　長時間の観察は確かにたいへんでしたが，私にとって貴重な経験となりました。長時間保育園に滞在することで，幼児の指さしをはじめ，幼児個人の発達が，保育士や保護者といった大人に支えられていることを勉強できました。保育園での研究を通し，私は保育の現場の空気を肌で感じられました。この経験は，教員として学生に生きた発達心理学を教えるうえで大きく役立っています。当時私を受け入れてくださった保育園のみなさまには今でも感謝しています。

2章 乳児における人やモノの動きの因果性と意図の認識

小杉大輔

リサーチクエスチョン Q 乳児はモノと人をどのように区別しているのか？
乳児は他者の行為の意図に注意を向けるのか？

私たちの住む世界には，2種類の対象が存在しています。ヒトを代表とする生物とボールや家具のような静物，つまり物体（モノ）です。私たちおとなは，これら2種類の存在物のそれぞれのふるまいに対して，異なる期待をもちます。

モノの動きは，物理的規則に支配されています。たとえば，ボールやスプーンが動き始めるためには，外力の存在が必要です。もし，眼の前で静止しているボールやスプーンが勝手に動き出したら，びっくりしたり，不審に思ったり，見えない原因（机や床の傾きや風など）を探そうとするでしょう。

一方，人の動きの原因の多くは，物理的ではなく，心理的なものだといえます。ヒトはほかの対象との物理的接触がなくても相互作用します。そして，ほとんどの場合，自発的に，意図的に動きます。私たちは，このような心理的因果性を理解しています。それによって，他者の意図や願望を暗黙のうちに理解でき，他者の行為を（ある程度）予測できるのです。毎日の社会的な生活の中で，他者と相互作用しながら生活，発達していくうえでこのような理解や予測は極めて重要です。

そして近年，乳児がいかにしてこのような物理的・心理的因果性を理解するようになるのか，つまりその認識の起源が発達心理学の主要な研究テーマとなっています。

1 乳児における物理的因果性と心理的因果性に関する研究の流れ

　乳児における因果的認識に関しては，これまで多くの研究が行われてきました。とくに，物理的因果性の認識については，1980年代以降，体系的な研究が行われてきました（e. g., Leslie & Keeble, 1987; Oakes, 1994; Rakison & Poulin-Dubois, 2001; Saxe & Carey, 2006）。この領域の研究では，ミショット（Michotte, 1963）による古典的研究の流れを汲み，刺激事象として衝突駆動事象（launching events）と呼ばれる事象がよく用いられます。この事象は，静止した対象A（●）に対象B（○）が接近，衝突し，対象Aが動き始めるというものですが，対象Aと対象Bの衝突と対象Aの始動の時間的，空間的連続性を操作することによって，因果的にも非因果的にもなります（図2-1）。

　そして，一連の実験的研究の結果，乳児は，遅くとも生後6カ月までに，図2-1の上のように，対象Aと対象Bの衝突と対象Aの始動が時間的，空間的に連続しているときのみ，この事象を因果的であると認識することがわかりました。これは，大人の印象と一致します。

　ところで，乳児がこのように認識していることをどのような実験で確かめているのでしょうか。本章では以下で，乳児を対象にした多数の心理学的実験を紹介していきますが，その内容を理解しやすくするために，まず，そこで用いられる主要な実験法について説明しておきたいと思います。

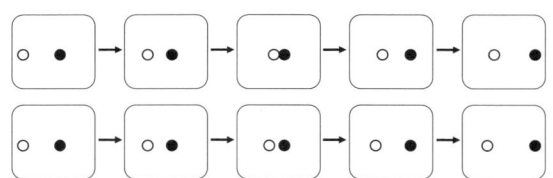

図2-1　衝突駆動事象の模式図
上が接触事象，下が非接触事象を表す（接触事象において，接触してから黒が動き出すまでに遅延がある事象は接触遅延事象，非接触事象において同様の遅延がある事象は非接触遅延事象と呼ばれる）。

1) 注視反応を指標にした実験法

　乳児を対象にした研究では，より年長の子どもや大人の場合とは異なり，ことばによる教示を使った実験やインタビューによる調査はできません。また，とくに認知能力について調べるうえでは，単純な行動観察は過小評価につながる可能性があります（運動技能やことばに現れない知識を評価することが難しいため）。そこで，実験的研究では，知覚，とくに視覚による反応（注視反応）を指標にした馴化─脱馴化法（habituation-dishabituation-method）や期待背反法（violation-of-expectation-method）と呼ばれる手法がよく用いられます。

　馴化─脱馴化法では一般的に，乳児にある事象を繰り返し提示して馴化させて（この事象を馴化事象と呼ぶ），その後，1つあるいは複数の事象を提示し，馴化状態からの反応の回復を測定します（この事象をテスト事象と呼びます）。乳児が，馴化事象とテスト事象の間に何らかの差異を知覚したとき，注視時間の回復が見られると考えられます。

　また，期待背反法は，既知の（あるいは見慣れた）事象よりも新奇な事象を好んで長く注視するという乳児の特性に依拠した実験法です。ここでは，たとえば，ある物理法則に従った事象よりもそれに背反した（起こりえない）事象を選好する（より長く注視する）ことが，前者を起こりうる事象として期待していたことを意味すると考えます（Spelke, 1985）。期待背反法は，馴化─脱馴化法と組み合わせて用いられることも多いようです。たとえば，馴化─脱馴化法のテスト段階において，2種類のテスト事象（ここではA事象とB事象とします）を交互に呈示して，乳児がどちらの事象を選好するかを測定する方法があります。この場合，もし乳児がA事象を選好したならば，乳児はA事象のほうがB事象よりも馴化事象に似ていないとみなしたと考えられます。

　ところで，乳児の注視時間は，乳児の目や顔の動きをビデオカメラで撮影したものを実験者が観察しながら計測するのが一般的です（たとえば，フレームごとに見た／見ていないの判定をします）。しかし最近は，乳児の視線や眼球運動，注視時間を角膜反射を用いて測定する装置を使う研究者も増えているようです（e. g., Falck-Ytter et al., 2006）。乳児の注視反応をより正確に，詳細に解析できる装置の進歩は，乳児研究の進展を促すでしょう。

2) 物理的因果性の認識

ではここで，乳児による物理的因果性の認識に関する研究に話を戻したいと思います。たとえば，ベイヤージョンは共同研究者とともに，さまざまな月齢の乳児に対し，ボールなどを用いて衝突駆動事象によく似た事象を実演で提示する実験を行っています（e. g., Baillargeon, 1995）。そして，早ければ生後2～3カ月の乳児において，静止した対象がほかの対象と接触していないのに動き始める事象を，自然な事象よりも選好することを示しています。

対象どうしは直接接触しないかぎり相互に影響しあわないという物理的な関係を「接触作用性の原理 contact principle」と呼ぶことがありますが（Spelke, 1994），乳児は早くからこの原理にもとづいて衝突駆動事象を認知しているようです。発達初期の乳児がもつ物理的原理についての理解に関する研究は，非常に盛んに行われました（e. g., Spelke et al., 1992）。そして，その流れのなかで，乳児がこの接触作用性の原理を人の動きにも適用するのかという点に注目する研究者が出てきました（Woodward et al., 1993）。

3) 乳児は人の動きに物理的因果性を付与するのか

ウッドワードと共同研究者は，刺激事象として2つの物体が登場する衝突駆動事象（物体条件）と2人の人間が登場する衝突駆動事象（人間条件）を用いた馴化―脱馴化法による実験を行い，乳児がこれらの事象の因果性をいかに認識するかについて調べました（Woodward et al., 1993）。この研究はのちに，小杉と藤田（Kosugi & Fujita, 2002）によって，再実験されています（図2-2を参照）。

この実験において，物体条件の乳児は，大きな箱のような物体が左から右に向かって動き，中央の遮蔽物の背後に入っていくと，遮蔽物の右端で静止していたもうひとつの物体が動き始めるという事象を馴化事象として呈示されました。その後，テスト段階では，2つの物体が実際に接触・衝突している事象（接触事象）とはじめの物体が接触する直前で止まり，衝突は起こらないのに静止していた物体が動き始める事象（非接触事象）の両方が呈示され，乳児が馴化事象をいかに解釈していたかが検証されました。人間条件は，2つの物体と同じ動きを2人の人が演じたこと以外，物体条件と同様でした。

実験の結果，乳児は物体条件では非接触事象を選好したのに対し，人間条件

ではいずれかのテスト事象への選好は見られませんでした。この結果は，7カ月児が，物体どうしの衝突駆動事象に対しては接触作用性の原理を適用したのに対し，人どうしの接触駆動事象にはこれを適用しなかったと解釈できます。

このような研究により，乳児が人は自ら動こうとする（自己推進的 self-propelled）存在であることを知っていることが確かめられました。すると，研究者たちは，乳児が人の行為そのものをどのように認知しているのかについて，さらに詳しく調べたいと考えるようになりました。そして，乳児が人の行為の"心理的側面"について，いつ，どのように認識しているのかに関する研究が始まりました。

4) 人の動きの意図的側面の理解に関する研究

このような研究の元祖ともいうべきものが，ウッドワード（Woodward, 1998）の研究です。ウッドワードは，乳児が，他者の行為を動きの軌道のような物理的特性ではなく，その意図的側面に注意を向けて認知することを明らかにしました。ウッドワードは，とくに人がある対象に手を伸ばす行為に関する乳児の認識に注目しています。この行為は，対象に触れる，あるいは対象をつかむというように，"目標"に向けられた行為です（手を伸ばすことが「手段」，対象が「目標」）。ウッドワードは，このような「目標指向的（goal-

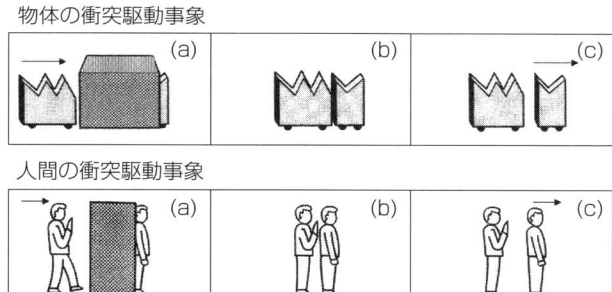

図2-2 ウッドワード（Woodward et al., 1993）の再実験として小杉・藤田（Kosugi & Fujita, 2002）が行った実験で用いた衝突駆動事象の模式図

刺激事象はTV画面上に提示された。小杉・藤田（Kosugi & Fujita, 2002）では，人間の場合には，2人が対面している場合と，していない場合があった。(a)は馴化事象，(b)は接触事象，(c)は非接触事象。

directed)」行為の構造をシンプルに描き出し，それをうまく刺激事象に反映させ，乳児が人の行為をその手段—目標の関係にもとづいて認知するかについて，丁寧に検証しました。目標指向性の認識は，私たちおとなが日常的にしている「あの人は何をしようとしているのかな」という推理の基礎だといえます。

　ウッドワード（Woodward, 1998）では，乳児に対し，馴化の段階で，実験者の女性が，目の前に並べられたクマのぬいぐるみとボールのうちの1つに手を伸ばしてつかむ事象を提示しました（図2-3）。続くテスト段階では，クマとボールの左右の位置が入れ替えられ，同様の2種類の事象が提示されました。まず新位置事象では，実験者は馴化事象と違う位置に手を伸ばし，同じ対象をつかみました。もう1つの新対象事象では，実験者は馴化事象と同じ位置に手を伸ばし，異なる対象をつかみました。新位置事象では，目標は同じですが，手の動きの物理的特性が異なり，新対象事象では，目標は変わりますが，手の動きは変わりません。乳児は馴化後，馴化事象に比べて新奇性が高いテスト事象をより長く注視すると予想されます。もし，乳児が新位置事象よりも新対象事象を長く注視したならば，彼らが馴化事象を行為の目標に注目して認知していた証拠だと解釈できます。そしてウッドワードらによる一連の実験の結果，6～12カ月児において，新対象事象への有意な選好が見られました。

　ウッドワードと共同研究者たちは，この研究を皮切りに，一連の画期的な実験的検証を行っています（Woodward, 2005）。このような研究の成果から，ウッドワードたちは乳児が生後5～6カ月までに，他者の行為の目標指向性を認知できるのだと結論づけています。

5）模倣を指標にした目標指向性の研究

　メルツォフ（Meltzoff, 1995）は，模倣を分析の指標とした巧妙な実験によって，18カ月児における人の行為の目標指向性の理解についての重要なデータ

図2-3　ウッドワード（Woodward, 1998）の刺激事象の模式図

を提供しています。模倣は広義には，観察した行為の再現だと定義されますが，乳児研究においては，乳児が他者の行為の何をどのように模倣するかを通じて，乳児がその行為をどのように解釈したかを知ることができると考えられています（11章も参照）。

この実験において対象児には，おとながある行為に失敗する場面（失敗条件：たとえば，おもちゃを容器に入れようとするが，入らずに容器の外に落ちる），もしくは，同様の行為に成功する場面（成功条件：おもちゃを容器に入れる）が提示されました。実験者はその後，おとなが操作していたのと同じおもちゃを子どもに渡し，子どもがそれをいかに操作するかを観察しました。その結果，まず成功条件の子どもにおいて，おとなの行為の模倣が多く見られました。さらに，失敗条件の子どもにおいても，成功条件の子どもと同様の反応をする傾向が見られたのです。失敗条件の子どもは，目標を達成するところ（ターゲット行為）を目撃していないにもかかわらず，この行為の目標を推測し，それを再生して見せたのだと解釈できます。

メルツォフ（Meltzoff, 1995）の実験に関しては，その後，多くの研究者によって工夫を凝らした再実験が行われました。そして，近年の研究では，リガースティとマルコワ（Legerstee & Markova, 2008）が10カ月児で，ハムリンら（Hamlin et al., 2008）が，7カ月児で，提示されていないターゲット行為の再生，つまり目標の推測がみられることを示しています。このような報告により，乳児は生後1年目の後半を過ぎたあたりから，単に行為の手段―目標の関係に注意を向けているだけでなく，その目標を推測できると考えられるようになってきました。

6) ヒト以外の対象の動きの目標指向性

ところで，ウッドワードやメルツォフらの研究において確かめられたことの一つに，乳児は目標指向性を人の行為のみに付与し，ヒト以外の対象の動きには付与しないということがあります。この主張は一見，人と物体の区別という観点からも妥当なように思われます。しかし，その後，これに矛盾するデータが多く報告されることになります。乳児は，自己推進的に動く箱やコンピュータ画面上の図形の動きに対しても，目標指向性を認めるようです（e. g., Gergely & Csibra, 2003; Luo & Baillargeon, 2005）。ここでは，その代表的な研

究として，ルオとベイヤージョン（Luo & Baillargeon, 2005）の研究を紹介します。この研究では，5カ月児を対象に，ウッドワード（Woodward, 1998）と同様の実験を行っています。ただし，この研究の刺激事象の主役となったのは，長方形の箱でした（図2-4）。

まず，馴化事象において，舞台の中央に置かれた箱は，左右の端に置かれた円筒（目標Aと目標B）のうちの1つに向けて動きだし，それに接触して止まりました。この事象に乳児を馴化させた後，舞台上では，まず目標Aと目標Bの位置が入れ替えられ，続けて2種類のテスト事象の提示がはじまりました。箱の動きは馴化事象から変化しないが目標となる対象が変わる新対象事象と，箱の動きは変化するが目標となる対象は変わらない新位置事象の2種類です。

実験の結果，テスト段階において，5カ月児は，新対象事象を新位置事象よりも長く注視しました。この傾向は，ウッドワード（Woodward, 1998）の人間を刺激とした実験と同様であり，5カ月児が，人ではない行為主体の動きにも目標指向性を認めることを示唆しています。

私たちおとなは，図形が動いているだけの抽象的な事象に対しても，追いかけるとか逃げる，というような**意図性**を帰属しますが（e.g., Heider & Simmel, 1944），乳児においても同様の傾向がある可能性が示唆されたといえます。

ここまでは，乳児が，物体の動きの因果性を認識していること，人と物体の

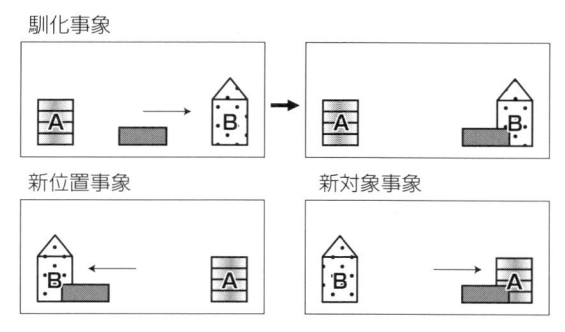

図2-4　ルオとベイヤージョン（Luo & Baillargeon, 2005）の刺激事象の模式図

動きには異なる期待をもつこと，そして，行為の目標指向性を認識していることを明らかにした研究について紹介してきました．続いて，ここまで紹介してきた研究に関連して筆者自身が行った研究について紹介したいと思います．

2　乳児は人の意図的ではない動きをどのように認知するか

筆者は，1の3)で紹介したウッドワードら（Woodward et al, 1993）の実験に惹きつけられ，これと同じ実験を自分でもしてみたいと考えました（Kosugi & Fujita, 2002; Kosugi et al., 2003; Kosugi et al., 2009）．

その中で，小杉ら（Kosugi et al., 2009）では，10カ月児を対象に，小杉と藤田（Kosugi & Fujita, 2002）の人間条件（図2-2）と同様の方法で実験を行いました．ただし，刺激事象において，はじめに静止していた人間がその後歩き始めるのではなく「倒れる」事象を用いました（図2-5）．このような事象を用いたのは，「明らかに意図的ではない動き」に対する乳児の因果的推論を問題にしたかったからです．ウッドワードらは，乳児が人の動きの物理的側面ではなく，意図的側面に注目することを強調しましたが，私は逆に，乳児が人の物理的な特性に注目できることを強調し，そこから非意図的な行為の認識について考えたいと思いました．

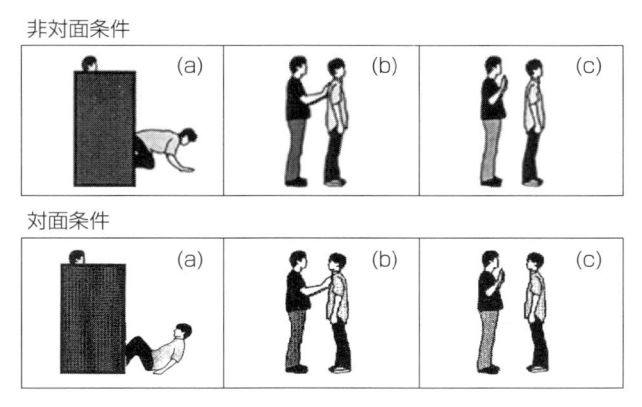

図2-5　小杉ら（Kosugi et al., 2009）の刺激事象の模式図
(a)は馴化事象，(b)は接触事象，(c)は非接触事象．

この実験には，対面条件と非対面条件がありました。つまり，人間条件の衝突駆動事象において，2人が対面しているか否かを操作し，それによって事象の因果性の認識が変化するかについて調べたのです。そして実験の結果，乳児が，2人が向き合っている事象と向き合っていない事象を区別することがわかりました。まず，非対面条件では，10カ月児はテスト段階において，接触事象よりも非接触事象を選好し，倒れるという人間の不自然な（意図的でない）動きを接触作用性の原理にもとづいて推論したことが明らかになりました。一方，

Key Words

▶乳児（infant）➡22ページ
　赤ちゃんのこと。とくに0歳児のことを指すことが多いですが，1歳半くらいまでの子どもは乳児と表記されることもあります。生後1カ月までの乳児はとくに新生児（neonate, newborn）と呼ばれます。

▶因果性（causality）➡22ページ
　辞書的には，二つないしそれ以上の事象の間に，原因および結果としての結びつきの関係があること，と定義されています（広辞苑第六版）。私たちの身の回りで起こる事象は，すべて因果性から切り離しえないといえます。そして，私たちは，あまり意識することなく，日常的にものごとの因果について考えています。この過程は，ものごとの結果を見て，その原因について推論することが多いことから，「原因づけ」と呼ぶのが適切かもしれません。

▶意図性（intentionality）➡28ページ
　意図（intention）とは，「考えていること，おもわく」あるいは，「行おうとめざしていること，またその目的」と定義されます（広辞苑第六版）。そして，意図性（intentionality）とは，行為にある意図がはたらいていることを指します。また，この章であつかった目標指向的（goal-directed）という語は，目標に向けて何かしているように見えるような行為に対して認められる特徴を表しているといえます。

対面条件では,いずれかのテスト事象への有意な選好は見られなかったのです。これらのことから,乳児は,人が外因的動きと内因的動きの両方に従事することを理解していることが示唆されたといえます。

おとなや年長の子どもは,偶発的に起こる意図的でない人間の動きに対しては物体の動きと同様,外力をその原因として付与し,意図的な(内因的な)動きとは因果的に区別していますが(e.g., Wellman et al., 1997),乳児にもこのような認識の基礎が見られることが示されたといえます。

ところで,乳児が対面条件のときに,接触事象と非接触事象を区別しなかった(差がなかった)という結果については,2通りの解釈が可能だといえます。第一に,乳児が人は直接的にも(物理的接触),間接的にも(たとえばアイコンタクト),他者と相互に影響を与え得ることを理解している可能性があります。そのために,接触事象と非接触事象は,動きの連続性や因果的力のやりとりがあったという点で似ているとみなされたと考えられます。次に,乳児が,非接触事象において倒れた人に「押されるのを避けようとして倒れた」というような意図性を認めた可能性が考えられます。この場合,非接触事象は意図的であり,不自然ではないということになります。

このように,乳児が刺激事象についてどのように推理したのかに関しては,いろいろな仮説がたてられそうです。

3　今後の展望と教育へのヒント

本章では,乳児が,モノの動きと人の動きの因果性を区別していること,他者の行為の意図的側面に気づいていることを明らかにした研究を紹介してきました。これらのデータをもとに研究者が次に考えるべきこととして,このような認識の発生の起源はどこにあるのか,そして,乳児期の認識は後に現れるより成熟した認識とどのようにつながるのか,という問題があります。ここでは,今後の展望として,意図的側面の認識についてのこのような問題に関する議論を紹介したいと思います。

1)　意図的認識の起源

意図的認識の起源については,2つの主要な仮説があります。まず,乳児の

脳に意図的な行為を解釈するための生得的な機構の存在を仮定して説明する研究者がいます（Premack, 1990; Baron-Cohen, 1995）。彼らは，この機構は対象の自己推進的な動きや，動物や人間がみせる生物的動きのような知覚的な手がかりが引き金となって活性化されると考えています。そして，この機構によって，乳児は意図的行為の比較的抽象的な概念をもつことができるとされています（Gergely & Csibra, 2003）。最近の研究によると，生後2日目の新生児において，ボールに手を伸ばしてつかむという目標指向的行為を，たとえばボールがなかったり，ボールから手を離したりという目標指向的ではない行為よりも選好注視することが明らかになっています（Craighero et al., 2011）。生後2日目の乳児は，外界に関する経験が乏しく，このような認知を可能にする機構の生得性が示唆されるように思われます。一方で，提示する目標指向的行為をより抽象的な事象にしたときにどのような反応をするのかを知りたいところでもあります。生得説が正しいことを証明するためには，このような新生児期のデータが必要になります。また，脳研究とのコラボレーションも重要になるでしょう。

　一方，生まれてからの経験を重視する立場の研究者は，抽象的な意図性の理解がはじめからあるとは考えません（e. g., Woodward, 2005）。乳児は，生まれてまもなくから，他者の行為を観察する機会や，他者とのやりとりの機会，そして自ら環境に働きかける機会を多く経験します。ウッドワードは，乳児はまず，このような直接的な経験を通じて他者の行為に関する局所的な知識を学習し，それらの行為どうしの関係や規則性を抽出するようになり，その後，より抽象的な知識を獲得するのではないかと述べています。

　このような考え方に関連する研究として，ソマービルほか（Sommerville et al., 2005）があります。ここでは，対象へのリーチング（手伸ばし）やつかむことがまだできない3カ月児に，マジックテープのついたミトンを使って対象を拾い上げる経験をさせ，その後，ウッドワード（Woodward, 1998）と同様の馴化実験を行いました（統制群の乳児は，馴化実験の後でこの経験をしました）。その結果，実験群の乳児にのみ，目標指向性の理解がみられました。つまり，ある行為の経験が，同様の行為の理解に影響を与えたということになります。

　行為の経験と認知のある側面との関係が明らかになれば，それは子育てや保

育実践への重要な示唆になると思われます。今後も同様の研究が進展することを期待したいと思います。

なお，ウッドワードは，この実験結果をミラーシステムという意図性理解に関連する神経システムのはたらきと関連づけて論じています。ミラーシステムは，他者の行為を，自分がその行為を行うときにはたらく神経回路の活動によって理解する神経過程に対応すると考えられています（ミラーシステムについては，次の本を参照してください：Rizzolatti & Sinigaglia, 2006/柴田訳, 2009）。

2） 乳児研究と幼児研究のつながり

心の理解の発達の道筋について考察するうえで，本章で見てきたような発達初期にみられる行為の意図的側面についての推理の能力と，就学前児で顕在化する心の理論の獲得とは関連があるのか，という点はたいへん興味深い問題です。

このような問題について，近年，生後1年目における目標指向性の認識が，後の本格的な心的状態の理解の前兆となるのかどうかについて検証する研究が出てきました。たとえば，乳児期における目標指向的行為への注視時間を指標とした実験課題でのパフォーマンスと，4歳時における心の理論課題での成績との間に連関がみられることを示した研究があります（Aschersleben et al., 2008; Wellman et al., 2008）。ただし，このような縦断的な研究は，まだ始まったばかりで，報告数も少なく，結果の解釈や評価が難しい点があるといえ，今後の研究の進展が期待されます。

一方，日本では，この分野の研究を臨床発達の領域に応用する取り組みもすでに行われています。大神は共同研究者とともに，社会的認知の初期発達研究を乳幼児健診システムの中で応用的に発展させ，発達障害の早期スクリーニング用のテストの開発をおこなっています（糸島プロジェクト：大神，2008）。同様の取り組みが全国的に広がっていくことを期待したいと思います。

3） 教育へのヒント

子どもたちは，発達の初期から，環境世界についての知識を爆発的に増加させていきますが，本章で見てきたような，ものごとの因果性に注目する傾向が発達の早期から備わっていることが，それを可能にしていると考えられます

(Goswami, 1998)。因果的な関係の理解によって，世界の事象をつなげたり，切り分けたりすることができるからです。3歳ごろからよく観察される「なぜ？」「どうして？」という質問行動は，その象徴的な現象だといえます。たとえば，「なんでお日さまは夜になると沈むの？」「なんでお父さんはお仕事に行っちゃうの？」というような質問です。このような質問はかわいらしく，また時には「するどい」と感心させられることもあります。一方で，子どもが納得するように答えるのはなかなか難しいし，ときには答えるのが面倒くさいと感じることもあるものです。しかし，この「なんで？」に納得するまで答えてあげることは，子どもの認知の発達においてたいへん重要だと思います。

そして本章の内容は，この「なんで？」という因果性への注意や関心のスイッチが，実は0歳のころからオンの状態にあることを示唆しています。この注意や関心は，いわゆる知的好奇心の基礎になるかもしれません。有能な認知機能を備えた存在である乳児は，さまざまなものごとや他者とのかかわりの機会を通じ，多くの驚きや喜びを経験することによって，たくさんの「なんで？」を生み出し，認識する世界を広げていきます。養育者，保育者のみなさんは，彼らとのやりとりを楽しみながら，彼らにそのような機会をできるだけ多く提供できるように心がけるとよいのではないでしょうか。

引用文献

Aschersleben, G., Hofer, T., & Jovanovic, B.（2008）. The link between infant attention to goal-directed action and later theory of mind abilities. *Developmental Science*, 11, 862-868.

Baillargeon, R.（1995）. A model of physical reasoning in infancy. In C. Rovee-Collier & L. P. Lipsitt（Eds.）, *Advances in infancy research*, vol. 9（pp. 305-371）. Norwood, NJ: Ablex.

Baron-Cohen, S.（1995）. *Mindblindness: An essay on autism and theory of mind*. Cambridge, MA: MIT Press.

Craighero, L., Leo, I., Umilta, C., & Simion, F.（2011）. Newborns' preference for goal-directed actions. *Cognition*, 120, 26-32.

Falck-Ytter, T., Gredebäck, G., & von Hofsten, C.（2006）. Infants predict other people's action goals. *Nature Neuroscience*, 9, 878-879.

Gergely, G., & Csibra, G.（2003）. Teleological reasoning in infancy: The naïve theory of rational action. *Trends in Cognitive Science*, 7, 287-292.

Goswami, U. (1998). *Cognition in children*. Hove, UK: Psychology Press.

Hamlin, J. K., Hallinan, E. V., & Woodward, A. L. (2008). Do as I do: 7-month-old infants selectively reproduce others' goals. *Developmental Science*, 11, 487-494.

Heider, F., & Simmel, M. (1944). An experimental study of apparent behavior. *American Journal of Psychology*, 57, 243-249.

Kosugi, D., & Fujita, K. (2002). How do 8-month-old infants recognize causality in object motion and that in human action? *Japanese Psychological Research*, 44 (2), 66-78.

Kosugi, D., Ishida, H., & Fujita, K. (2003). 10-month-old infants' inference of invisible agent: Distinction in causality between object motion and human action. *Japanese Psychological Research*, 45, 15-24.

Kosugi, D., Ishida, H., Murai, C., & Fujita, K. (2009). Nine-to 11-month-old infants' reasoning about causality in anomalous human movements. *Japanese Psychological Research*, 51, 246-257.

Legerstee, M., & Markova, G. (2008). Variations in 10-month-old infant imitation of people and things. *Infant Behavior & Development*, 31, 81-91.

Leslie, A. M., & Keeble, S. (1987). Do six-month-old infants perceive causality? *Cognition*, 25, 265-288.

Luo, Y., & Baillargeon, R. (2005). Can a self-propelled box have a goal? *Psychological Science*, 16, 601-608.

Meltzoff, A. N. (1995). Understanding the intention of others: Re-enactment of intended acts by 18-month-old children. *Developmental Psychology*, 31, 838-850.

Michotte, A. E. (1963). *The perception of causality*. New York: Basic.

Oakes, L. M. (1994). Development of infants' use of continuity cues in their perception of causality. *Developmental Psychology*, 30, 869-879.

大神英裕 (2008). 発達障害の早期支援──研究と実践を紡ぐ新しい地域連携. ミネルヴァ書房.

Premack, D. (1990). The infants' theory of self-propelled objects. *Cognition*, 36, 1-16.

Rakison, D. H., & Poulin-Dubois, D. (2001). Developmental origin of the animate-inanimate distinction. *Psychological Bulletin*, 127, 209-228.

Rizzolatti, G., & Sinigaglia, C. (2006). *So quel che fai. Il cervello che agisce e i neuroni specchio*. Milano: Raffaello Cortina Editore. (リゾラッティ, G., シニガリア, C. 柴田裕之 (訳) 茂木健一郎 (監) (2009). ミラーニューロン. 紀伊國屋書店)

Saxe, R., & Carey, S. (2006). The perception of causality in infancy. *Acta Psychologia*, 123, 144-165.

Sommerville, J. A., Woodward, A. L., & Needham, A. (2005). Action experience alters 3-month-old infants' perception of others' actions. *Cognition*, **96**, B1-B11.

Spelke, E. S. (1985). Preferential looking methods as tools for the study of cognition in infancy. In G. Gottlieb & N. Krasnegor (Eds.), *Measurement of audition and vision in the first year of postnatal life* (pp. 323-363). Norwood, NJ: Ablex.

Spelke, E. S. (1994). Initial knowledge: Six suggestions. *Cognition*, **50**, 431-445.

Spelke, E. S., Breinlinger, K., Macomber, J., & Jacobson, K. (1992). Origins of knowledge. *Psychological Review*, **99**, 605-632.

Wellman, H. M., Hickling, A. K., & Schult, C. A. (1997). Young children's psychological, physical, and biological explanations. In H. M. Wellman & K. Inagaki (Vol. Eds.), *New Directions for Child Development: No. 75. The emergence of core domains of thought: Children's reasoning about physical, psychological, and biological phenomena* (pp. 7-25).

Wellman, H. M., Lopez-Duran, S., LaBounty, J., & Hamilton, B. (2008). Infant attention to intentional action predicts preschool theory of mind. *Developmental Psychology*, **44**, 618-623.

Woodward, A. L. (1998). Infants selectively encode the goal object of an actor's reach. *Cognition*, **69**, 1-34.

Woodward, A. L. (2005). The infant origins of intentional understanding. In R. Kail (Ed.), *Advances in child development and behavior* (pp. 229-262).

Woodward, A. L., Phillips, A. T., & Spelke, E. S. (1993). Infants' expectations about the motion of animate versus inanimate objects. Proceedings of the Fifteenth Annual meeting of the Cognitive Science Society (pp. 1087-1091). Hillsdale, NJ: Erlbaum.

Column

●この研究を始めたきっかけは

　乳児の認知発達に興味をもつきっかけとなったのは，大学の3回生のときに聴講した集中講義です。落合正行先生（追手門学院大学）に当時の最新の乳児研究について詳しく紹介していただき，とてもおもしろいなと思いました（衝撃的でした）。

　その後，大学院に進学し，修士論文のテーマを決めようというときに，その講義のことを思い出して，いろいろと調べているうちに，本文で紹介したウッドワード（Woodward et al., 1993）の研究に出会いました。

●一番工夫した点は

　刺激事象づくりです。とくに物体どうしの衝突駆動事象の非接触事象には手を焼きました（工夫というより苦労といったほうが近いです）。物体が自分で動き始める事象を作るわけですから，当然しかけがあるわけですが，それがわからない映像にしようと，おもちゃやDVカメラ，コンピュータと格闘しながら作業しました。赤ちゃんがそれを見て驚いたように見えたときはうれしかったです。

●一番苦労した点は

　実験に協力してくれる赤ちゃん（とお母さん）を探すことです。この点については，研究室の先生方や先輩・後輩のみなさんにも大変お世話になりました。私の場合，幸運にも保健センターや保育園で調査をさせていただくことができましたが，それが可能になるまでは研究が進行しませんし，とても不安でした。

●こんなところがおもしろい！

　子どもの研究をしていると，子どもに関係する公共施設や保育・教育の現場を訪れる機会をいただくことがあります。そこでは，大学では学べないことがたくさん学べます。

3章
心のしなやかさと切り替えの獲得

森口佑介

リサーチクエスチョン **Q** 子どもは頭を切り替えることが得意ではない？
頭を切り替える能力は，子どもの発達にどのような役割をもつ？

　みなさんが失恋してしまったとき，友人は何と声をかけるでしょう。みなさんがサッカーの試合で相手に先制点を許したとき，チームメイトは何と言うでしょう。おそらく，頭を，心を，切り替えるように言うのではないでしょうか。もし，頭を切り替えられなければ，いつまでも過去の失恋をひきずって日常生活に支障をきたすかもしれませんし，失点をひきずって試合中のプレーに影響するかもしれません。

　もう少し一般的に言うと，過去の出来事や経験に，私たちの考えや行動は左右されてしまうことになります。しかし，私たちの心は，きわめてしなやかで，柔軟なものです。過去の出来事や経験の影響は受けるものの，頭を切り替えて，次の状況に対応することができます。失点しても，頭を切り替えて次のプレーに集中することができるのです。

　このような能力を，心理学の言葉で，実行機能と言います。実行機能は，いつ頃から身につくのでしょうか。この能力の発達は，知的発達や社会性の発達にいかなる影響を与えるのでしょうか。また，実行機能の発達はいかなる脳内機構に支えられるのでしょうか。本章では，このような問題について考えていきます。

1 実行機能と社会性

　本章では**実行機能**を，状況に応じて意識的に行動を切り替える能力と定義します（詳しい定義は，森口，2008などを参照）。まず，この実行機能がいつ頃から身についていくかについて見た後に，社会性の発達にどのようにかかわるかを紹介していきます。

1）実行機能の発達

　赤ちゃんにも実行機能が備わっているでしょうか。最新の研究から1歳前後の乳児も実行機能を発達させている可能性も指摘されていますが（森口，2010），現在のところ幼児期に実行機能が備わり始めるという考えが一般的です。もっとも，幼児期だけで実行機能の発達が終わるわけではありません。幼児期に備わり始める実行機能は，児童期や青年期にかけて，長い期間をかけて

Key Words

▶**実行機能**（executive function）　→40ページ
　状況に応じて意識的に行動を切り替える能力。行動を制御することでさまざまな問題解決を可能にします。また，社会性の発達にも重要な役割をはたします。

▶**前頭葉**（frontal lobe）　→41ページ
　大脳皮質の一部の領域。意思決定や言語，他者認識などの広範な心の機能とかかわります。また，実行機能を支える脳内回路の一部でもあります。

▶**近赤外分光装置**（Near-Infrared Spectroscopy: NIRS）　→47ページ
　脳活動を計測する装置。近赤外光を頭部に照射し，脳内の血流の変化を検出することで，脳がどの程度活動しているかを推定します。とくに乳幼児の脳活動の記録に適しています。

発達し続けることが知られています。これは，大脳皮質の一領域である，前頭葉が成熟に長い期間を要することと関連していると思われます。この章ではとくに初期発達が観察される幼児期を見ていきます。

　2歳や3歳の子どもは，状況に応じて行動を柔軟に切り替えることができません。彼らは，「したいこと」や「してしまうこと」を優先させてしまい，「すべきこと」ができないのです。たとえば，保育園の自由時間に，子どもが玩具で遊んでいるとします。ところが，自由時間が終わってしまい，お片づけをしなければなりません。子どもは，状況の変化に応じて，「玩具で遊ぶ」という行動から，「玩具を片づける」という行動に切り替えなければならないのです。ところが，3歳以下の子どもは，自分が「したいこと」，つまり，「玩具で遊ぶ」という行動を選択してしまい，「すべきこと」，つまり，「玩具を片づける」という行動を選択できないのです。また，「してしまうこと」とは，習慣的に行っている行動のことをさします。子どもは，習慣的に行っている行動を優先し，状況に適切な行動を選択できないことがあります。たとえば，席替えがあった場合に，席替え以前の席に着いてしまうようなことです。

　このような「したいこと」や「してしまうこと」を我慢して，「すべきこと」を選択できるようになるのは，4歳から5歳頃であることが心理学的な実験から示されています。もっとも有名な研究の1つは，「満足の遅延」実験です。この研究では，まず，実験者が子どもにお菓子をあげます。その後，実験者が所用でその場を離れなければならないという状況を設定します。この際，実験者が子どもに対して，戻ってくるまでお菓子を食べないようにと教示するのですが，子どもがその間待てるかどうかを調べるものです。ある研究によると，このような実験では2歳児は20秒，3歳児でも1分程度しか待てないのに対して，4歳児は5分以上も待てるということが報告されています（Carlson, 2005）。

　また，実行機能の発達を調べるためにもっとも使用されている課題の1つに，Dimensional Change Card Sort（DCCS）があります（Zelazo et al., 1996, 図3-1）。この課題では，色・形・サイズ・数などのうち，2つの属性を含むカードを使用します。たとえば，「赤い車」と「青いコップ」のカードを用意し，これをターゲットとします。そして，子どもにこのターゲットとは色と形の組み合わせが異なる「青い車」と「赤いコップ」のカードを手渡し，それらのカ

ードを分類するように求めるという課題なのですが，この課題には2つの段階があります。第1段階では，2つの属性のうち1つのルール（たとえば，色）で分類させます。たとえば，青い車のカードは青いコップのターゲットに分類し，赤いコップのカードは赤い車のターゲットのところに分類するように教示します。第2段階では，1つ目とは異なるルールで分類させます（たとえば，形）。今度は，青い車のカードは赤い車のターゲットのところに，赤いコップのカードは青いコップのターゲットのところに分類するように教示します。この課題において，3歳児は第1段階を容易に通過することができますが，第2段階を通過することができません。第2段階においても，第1段階で使用したルールでカードを分類し続けてしまうのです。たとえば，第1段階で色ルールを用いると，第2段階で形ルールを用いるべきときにも，色ルールを使い続けるのです。一方，大半の4，5歳児はこの課題を容易に通過することができます。

このほかにも，実行機能の初期発達を調べる課題にはさまざまなものがあります（森口，2008を参照）。いずれの課題においても，3歳以下の子どもは，容易に行動を切り替えることができないのですが，4，5歳の子どもはしなやかに行動を切り替えることができます。これらの心理学的実験の結果から，実行機能は4，5歳頃に獲得されるものだと考えられています。

2） 実行機能と社会性

1-1）で見てきたように，実行機能の発達は，それ自体が社会性の発達であ

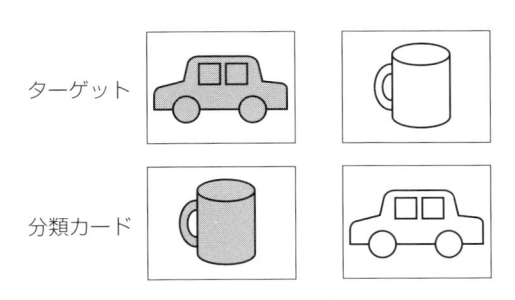

図3-1　DCCS課題で使うカード
左上が赤い車，右上が青いコップ，左下が赤いコップ，右下が青い車

るともいえます。たとえば、行動を柔軟に切り替えることができなければ、保育園や幼稚園などでの集団生活・社会生活に重大な支障をきたすことでしょう。しかし、1-2)では、このような側面に加えて、実行機能の発達が、社会性の発達に必要とされるさまざまな能力の発達とかかわっていることを紹介していきます。

　近年もっとも注目されているのは、実行機能の発達と心の理論との関連です（心の理論については、4章などを参照）。心の理論とは、広義には他者の行動からその背後にある心の状態を推測する能力のことをさします。たとえば、ヒトがモノに向かって手を伸ばしている様子を見ると、私たちは「あの人は、モノを取ろうとしている」という「意図」を推測します。心の理論は過去30年にわたって広く研究されてきたのですが、もっともよく研究されてきたのが、子どもが他者の信念（誤った信念）をいつ理解するのかという問題です。この問題は、誤信念課題といわれるテストで検討されます。この課題には、2人の子どもが登場します。ゆりことひかりとしましょう。まず、ゆりこが部屋の中にいるという状況から話が始まります（図3-2）。ゆりこは、玩具をもっているのですが、外に遊びに行きたいので、玩具を片づけようとしています。部屋には丸い箱と四角い箱があるのですが、そのうち丸い箱に玩具を片づけて、外に遊びに行きました（①）。その後、ひかりが部屋に入ってきて、丸い箱から玩具を取り出して（②）、玩具を四角い箱に入れ替えて（③）、部屋から出て行きました。次の場面では、ゆりこが外から帰ってきて、玩具で遊ぼうと考えてい

図3-2　誤信念課題

ます（④）。このとき，ゆりこは丸い箱と四角い箱のどちらを探すでしょうか。このテストを通過するには，ゆりこの知識状態や信念の状態を理解する必要があります。ゆりこは，ひかりが玩具を四角い箱に入れ替えたことを知らないのですから，玩具は丸い箱に入っていると信じているはずです。このテストは，4歳半ごろになると通過できることが知られています（Wellman et al., 2001）。もっとも，日本人の子どもは，ほかの国の子どもに比べると，この課題が難しいことも示されています（Moriguchi et al., 2010; Naito & Koyama, 2006）。

　心の理論の発達時期が，実行機能の発達時期と同じであることは偶然でしょうか。そう考えた研究者たちは，両者の発達に関連があるかを検討しました。具体的には，3歳から5歳の子どもに誤信念課題とDCCSなどの実行機能課題を与え，両者の成績に相関関係があるかを調べたのです。その結果，両者には中程度の相関関係が認められました（Carlson & Moses, 2001）。つまり，誤信念課題に通過できる子どもは，実行機能課題にも通過しやすいということです。心の理論と実行機能の発達的関連については諸説あるのですが，現在有力なのは，実行機能の発達が心の理論の発達を駆動するという説です（森口，2008や小川・子安，2010を参照）。簡潔に言うと，頭を切り替えるのが得意な子どもは，他者の心にも気づきやすいということです。誤信念課題の最後の場面（④）で，このような傾向は顕著に見られます。この場面で，子どもは，玩具が四角い箱に入っていることを知っています。この知識が，ゆりこの心の状態を推測することを阻害するのです。幼い子どもは，自分が知っていることはゆりこも知っているはずだと思いこみ，ゆりこは四角い箱を探すだろうと推測するのです。この「知識の呪縛」を逃れるために，つまり，自分の知識から頭を切り替えて，ゆりこの心の状態を推測するために，実行機能が必要になるというわけです。

　また，実行機能は嘘をつく能力の発達とも関連しています。嘘をつくという行為は，他者を欺く行為の一種ですので，倫理的な問題になります。親や教育関係者は，子どもが嘘をつき始めると眉をひそめるといいます。たしかに，いつも嘘をついてばかりいると「オオカミ少年」のようにまわりから信用されなくなるわけですから，考えものです。しかし，ヒトは，いつも真実ばかり述べられるわけではありません。時には，他者のことを慮って嘘をつかざるを得な

いこともあります（こういう嘘を「白い嘘」といいます）。発達心理学者にとって，嘘をつくという行為はきわめて興味深い行為です。というのも，嘘をつくためには，他者の心を推測する能力（心の理論）や，他者の心に働きかける能力，そして，真実を述べることを抑制する能力などの種々の認知機能が必要とされるからなのです。そして，真実を抑制する能力に，実行機能がかかわってきます。事実，嘘をつくことができる子どもは，実行機能課題の成績がよいことも報告されています（Talwar & Lee, 2008）。心の理論や嘘をつく能力のほかにも，感情制御能力や他者とのコミュニケーションを円滑に図る過程にも実行機能はかかわるようです（Carlson & Wang, 2007; Moriguchi et al., 2008）。このように，実行機能は，社会性の発達の諸側面に重要な貢献をしているのです。

2　実行機能の発達と脳内機構

前節では，実行機能と社会性の発達の関連を概観してきました。本節では，実行機能の発達の脳内機構について紹介していきます。

1）実行機能と前頭葉

先述のとおり，実行機能は，大脳皮質の前頭葉と深いかかわりがあります。私たちの脳はさまざまな領域から形成されているのですが，思考のような高次

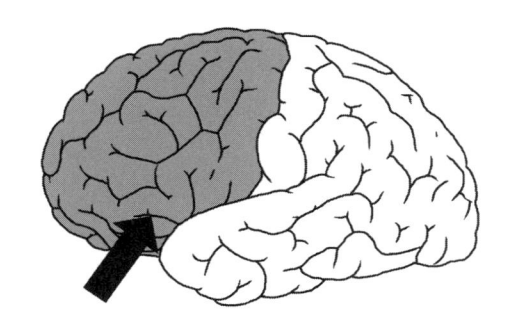

図 3-3　ヒトの大脳皮質における前頭葉（灰色部分）
矢印部分周辺が下前頭領域。

の認知機能は，脳の一番外側にある大脳皮質というところと深いかかわりがあることが知られています。その大脳皮質も，前頭葉，頭頂葉，側頭葉，後頭葉の4つに大まかにわかれており，それぞれの脳の領域がそれぞれの認知機能とある程度対応していることも明らかになっています。これらのなかで，実行機能は前頭葉（とくに前の方にある前頭前野という領域）を中心とした脳内ネットワークに支えられていると考えられています（図3-3）。たとえば，前頭葉を損傷してしまった患者は，実行機能に大きな障害を抱えることが知られています。DCCSと類似した，成人向けの課題に Wisconsin Card Sort Test（WCST）という課題があります。この課題では，参加者はさまざまなルールを切り替えなければなりません。前頭葉損傷の患者は，このルールの切り替えが難しいのです（Milner, 1963）。また，健常な成人も，この課題中に前頭葉の一部の領域を活動させていることが明らかになっています。最近の脳研究では，機能的核磁気共鳴画像法（fMRI）などと呼ばれる手法などを用いて，実験中の参加者の脳活動を可視化できるようになりました。そのような手法によって，健常な成人がWCSTにおいてルールを切り替える際に，下前頭領域という領域が有意に活動していることが明らかになったのです（Konishi et al., 1998）。このような研究例から，実行機能は前頭葉の活動と深いかかわりがあることが示唆されます。

2） 実行機能の発達と前頭葉

これらの研究を見ると，実行機能の発達も前頭葉の成熟と関連するのではないかと考えられます。事実，児童期以降を対象にした研究では，このような関連が報告されています（Casey et al., 1997）。しかしながら，乳幼児を対象にしたものは，これまであまり報告されてきませんでした。1つの理由は，子どもの脳活動を測定するのが難しいことです。先ほど紹介したfMRIなどでヒトの脳活動を測定することはできるのですが，これにはいくつかの制約があります。まず，MRI内は轟音が響いて，子どもが耐えられるものではありません。また，かなり密閉された空間ですので，子どもにとって怖いものです。しかし，何よりの問題は，脳活動を計測している途中子どもは動いてはいけないという点です。頭を動かすと，脳活動に大きな影響が出るため，実験中子どもは動いてはなりません。近年の技術の進歩により上記の問題点の多くが改善され，最

近は乳幼児の fMRI 研究も報告されつつあります。しかし，6歳以下の子どもに fMRI は推奨できないという主張もあり，まだまだ容易ではないというのが現状です。

　このような制約もあり，幼児期における実行機能と前頭葉の発達的関連についての知見は十分ではないのですが，いくつか関連する報告もあります。まず，上述の通り，実行機能は青年期までの長い期間をかけて発達することが心理学的な研究から報告されていますが，前頭葉の成熟も同様に長い期間を要することが，脳の形態を探るための MRI 研究などから示されています。これらの研究は，前頭葉の灰白質（神経細胞が密集している部分）が，乳幼児期から児童期くらいまでかけて増加した後に，それ以降青年期から成人期にかけて減少していくという不思議な発達曲線を描くことを示しています（Giedd et al., 1999）。

　しかしながら，これだけでは実行機能と前頭葉の発達的関連は十分に理解できたとはいえません。最近になって，私たちは乳幼児期における実行機能の発達と前頭葉の関連について研究を進めています。これは，脳活動の計測技術の進展によって支えられています。乳幼児を対象にした fMRI 研究は国内ではあまり現実的ではないので，私たちは近赤外分光装置（NIRS）という新しい計測機器を使用して乳幼児の脳内機構について検討しています。この技術は，fMRI と比べると精度が大幅に落ちるという欠点があるのですが，比較的簡便に計測ができるという利点があります。私たちは，3歳から5歳の幼児にDCCS 課題を与え，その課題中の脳活動を NIRS によって計測しました（Moriguchi & Hiraki, 2009）。まず，5歳児は全員 DCCS 課題に通過することができました。一方，3歳児では，半数程度の子どもは DCCS 課題に通過す

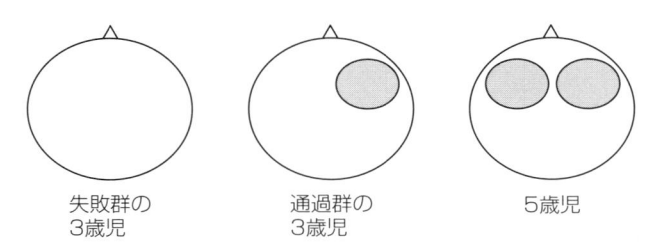

図 3-4　DCCS 課題中の脳活動
参加者の頭を上から見た図。図の上部が顔の正面。灰色部分が活動した脳領域。

ることができたのですが（通過群），残りの半数は通過できませんでした（失敗群）。次に，脳活動の結果です。5歳児の脳活動については，DCCS課題中に左右の下前頭領域が有意に活動していました（図3-4）。ここで「左右の」といった点について補足しておきますと，私たちの脳は左半球と右半球の2つから構成されています。そして，左右の脳はほぼ対応した構造をもっているのです。

では，3歳児はどのような結果だったのでしょうか。まず，通過群の子どもたちは，右の下前頭領域を活動させていました。一方，失敗群の子どもたちは，下前頭領域を有意に活動させていませんでした。つまり，DCCS課題の通過と，右の下前頭領域の活動との間に関係があったということになります。この結果は，右の下前頭領域の活動が，実行機能の発達に重要な役割を果たしている可能性を示唆しています。しかしながら，結論を下すのは時期尚早かもしれません。右の下前頭領域の活動とDCCS課題の通過の間の関係は見かけ上のものであり，別の脳領域が関連している可能性もあります。このような「相関関係か，因果関係か」という点は，研究するうえでいつもつきまとう問題でもあります。さまざまな手法をこらして，因果関係に迫っていかねばなりません。

また，通過群の3歳児と5歳児との結果の違いが注目に値します。5歳児は左右の下前頭領域を活動させていたのですが，通過群の3歳児は右の下前頭領域だけを有意に活動させていたのです。この違いが何を意味しているかは現時点ではわかりませんが，5歳児のほうが左右の脳をバランスよく使って，効率よくDCCS課題に取り組んでいたのかもしれません。事実，この3歳の子どもたちが4歳になったころにもう一度同じ研究に参加してもらったのですが，その際は左右の下前頭領域を有意に活動させていました（Moriguchi & Hiraki, 2011）。同じ課題に取り組んでいても，年齢によって脳活動は異なっているようです。

3　今後の展望と教育へのヒント

最後に，実行機能が教育や療育にどのようにかかわりをもちうるかについて概観し，この研究領域の今後の展望について考えていきます。

1) 実行機能に問題を抱える子どもたち

　実行機能は知的発達や学力の発達にも重要であることが知られています。とくに，幼児期の実行機能が児童期の算数の成績を予測することは国外の研究から繰り返し報告されています（Blair & Razza, 2007）。実行機能は，その後の社会性の発達や学力の発達の基礎となる重要な能力であるといえます。そうすると，何らかの理由で実行機能の発達に問題を抱えた場合に，社会性の発達や知的発達に影響が出る可能性が考えられます。たとえば，注意欠陥多動性症候群（ADHD）や自閉症の子どもは，実行機能の発達に問題を抱える可能性が指摘されています（Barkley, 1997）。また，米国などでは，貧困層の子どもが実行機能の発達に問題を抱える可能性があることが指摘されています。このような子どもに対して介入することで，彼らの社会性の発達や知的発達を支援できないかという動きが最近広まりつつあります。

2) 実行機能のトレーニング

　世界でもっとも権威のある科学雑誌の一つであるScience誌に実行機能のトレーニングについての論文が相次いで発表されています。幼児教育学者のモンテッソーリの理論にもとづいた方法（Lillard & Else-Quest, 2006）や発達心理学者のヴィゴツキーの理論にもとづいた方法（Diamond et al., 2007）などが提案されています。ほかにも，ヨガにもとづいた方法やパソコン上でトレーニングする方法，運動によるトレーニング方法などが検討され，北米を中心に研究が進展しています（Diamond & Lee, 2011）。ADHDの子どもを対象にした療育プログラムで成果をあげているグループもあります（Klingberg et al., 2002）。

　トレーニングの種類は研究によって異なるのですが，多くの研究に共通するのが研究手続きです。トレーニング前とトレーニング後で，実行機能課題の成績に変化が見られるのかを調べます。仮にA群とB群という2つの群があるとします。A群にはあるトレーニングを与えて，その結果，トレーニング後に実行機能課題の成績が向上したとします。この成績の向上が，トレーニングの効果といえるでしょうか。そうかもしれませんし，そうではないかもしれません。というのも，もしかしたら，同じような課題を2回与えられたおかげで，2回目の成績がよいだけかもしれません。この場合，トレーニングの効果とはいえません。そのため，B群には，何のトレーニングも与えないか，実行機能

とはまったく関係のない別のトレーニングを与えて，B群で課題の成績に変化があるかを検討し，A群の結果と比較します。そして，B群よりもA群の課題の成績の変化が大きければ，そのトレーニング方法が有効であったとみなせるわけです。

実行機能のトレーニングが難しいことは以前から指摘されてきました。そのため，現在のところ標準的なトレーニング方法というものがなく，どの方法が有効なのかを探っているのが現状です。また，短期的には良い成果が得られたとしても，長期的に効果が持続するのか否かは現在ほとんど検討されていません。このような問題を科学的な態度で，じっくりと検討していくことが，この研究分野の当面の課題といえそうです。

わが国ではこのような研究すら存在していないので，まずはこのような研究を始めるところが出発点かもしれません。実は，実行機能の発達には文化差があることも知られており，中国や韓国の子どもの発達が，西洋諸国の子どもよりも，早いことが報告されています。私たちの研究などから，日本の子どもは西洋の国々とそれほど変わらないという可能性も示されています（Moriguchi et al., 2011）。異なった文化の子どもたちに同じトレーニング方法が有効である保証はないので，それぞれの文化に応じた研究が必要といえます。

ところで，こういうトレーニングの話が出てくると，単純に英才教育や早期教育に結びつけたがる人がいますが，上で述べたように，あるトレーニング方法が，本当に効果があるのかどうかを評価することは非常に手間と時間がかかるたいへんな作業です。世間で言われているような「天才を育てる早期教育法」や「脳科学にもとづいた子育て方法」などで，このような科学的な検証を受けているものは私が知るかぎりほとんどありません。

3) おわりに

実行機能の研究における今後の展望をあげるとすれば，（1）乳児期の実行機能研究を進めること，（2）実行機能の発達の脳内機構を探ること，（3）有効なトレーニング方法を見つけること，などがあげられると思います。（3）については，現在心理学的なものがほとんどですので，私たちが行っているような脳研究の方法を取り入れることで，より科学的かつ有効な方法が見つかるかもしれません。

引用文献

Barkley, R. A. (1997). Behavioral inhibition, sustained attention, and executive functions: Constructing a unifying theory of ADHD. *Psychological Bulletin*, 121, 65-94.

Blair, C., & Razza, R. (2007). Relating effortful control, executive function, and false belief understanding to emerging math and literacy ability in kindergarten. *Child Development*, 78, 647-663.

Carlson, S. (2005). Developmentally sensitive measures of executive function in preschool children. *Developmental Neuropsychology*, 28, 595-616.

Carlson, S. M., & Moses, L. J. (2001). Individual differences in inhibitory control and children's theory of mind. *Child Development*, 72, 1032-1053.

Carlson, S. M., & Wang, T. (2007). Inhibitory control and emotion regulation in preschool children. *Cognitive Development*, 22, 489-510.

Casey, B. J., Trainor, R., Orendi, J., Schubert, A., Nystrom, L. E., et al. (1997). A developmental functional MRI study of prefrontal activation during performance of a go-no-go task. *Journal of Cognitive Neuroscience*, 9, 835-47.

Diamond, A., Barnett, W.S., Thomas, J., & Munro, S. (2007). Preschool program improves cognitive control. *Science*, 318, 1387-1388.

Diamond, A., & Lee, K. (2011). Interventions shown to aid executive function development in children 4-12 Years Old. *Science*, 333, 959-964.

Giedd, J. N. et al. (1999). Brain development during childhood and adolescence: A longitudinal MRI study. *Nature Neuroscience*. 2, 861-3.

Klingberg, T., Forssberg, H., & Westerberg, H. (2002). Training of working memory in children with ADHD. *Journal of Clinical and Experimental Neuropsychology*, 24, 781-791.

Konishi, S. et al. (1998). Transcient activation of inferior prefrontal cortex during cognitive set shifting. *Nature Neuroscience*, 1, 80-84.

Lillard, A. S., & Else-Quest, N. (2006). Evaluating Montessori education. *Science*, 313, 1893-1894.

Milner, B. (1963). Effects of different brain lesions on card sorting. *Archives of Neurology*, 9, 90-100.

森口佑介（2008）．就学前期における実行機能の発達．心理学評論，51, 447-459.

森口佑介（2010）．乳幼児期における抑制機能の発達とその神経基盤．ベビーサイエンス, 10, 26-32.

Moriguchi, Y., Evans, A. D., Hiraki, K., Itakura, S., & Lee, K. (2011). Cultural differences in the development of cognitive shifting: East-West comparison. Manuscript under revision.

Moriguchi, Y., & Hiraki, K. (2009). Neural origin of cognitive shifting in young children. *Proceedings of the National Academy of Sciences of the United States of America*, 106, 6017-6021.

Moriguchi, Y., & Hiraki, K. (2011). Longitudinal development of prefrontal function during early childhood. *Developmental Cognitive Neuroscience*, 1, 153-162.

Moriguchi, Y., Okanda, M., & Itakura, S. (2008). Young children's yes bias; How does it relate to verbal ability, inhibitory control and theory of mind? *First Language*, 28, 431-442.

Moriguchi, Y., Okumura, Y., Kanakogi, Y., & Itakura, S. (2010). Japanese children's difficulty with false belief understanding: Is it real or apparent? *Psychologia*, 53, 36-43.

Naito, M., & Koyama, K. (2006). The development of false belief understanding in Japanese children: Delay and difference? *International Journal of Behavioral Development*, 30, 290-304.

小川絢子・子安増生（2010）．幼児期における他者の誤信念に基づく行動への理由づけと実行機能の関連性．発達心理学研究，21，232-243．

Talwar, V., & Lee, K. (2008). Social and cognitive correlates of children's lying behavior. *Child Development*, 79, 866-881.

Wellman, H. M., Cross, D., & Watson, J. (2001). Meta-analysis of theory-of-mind development: The truth about false belief. *Child Development*, 72, 655-684.

Zelazo, P. D., Frye, D., & Rapus, T. (1996). An age-related dissociation between knowing rules and using them. *Cognitive Development*, 11, 37-63.

Column

●研究を始めたきっかけ

　最初は，社会や教育の問題から関心をもつのが普通かと思います。私も入口はやはり社会問題でした。大学生の頃，学級崩壊や「キレる」子どもなどが社会問題化し，そういう子どもの理解と解明のために実行機能に興味をもちました。そういう子どもは，行動の抑制や頭の切り替えがスムーズにいかないのではないかという考えをもっていましたので，実行機能の概念と非常にマッチしていたのです。

●一番工夫した点

　私が研究するうえで一番腐心するのは，子どもたちとのかかわり方です。私は比較的背が高く，愛想がいいとはいえない男性なので，最初は子どもたちに怖がられることが多いからです。そのため，調査の前に子どもたちと遊ぶ時間をつくったり，子どもたちとのかかわり方を勉強したりするなどの工夫をして調査に臨んでいます。最初は怖がっていた子どもたちも，心を開いてくれると，非常に仲良くしてくれます。ただ，仲良くなりすぎても調査には協力的でなくなってしまいます。子どもとの距離の塩梅は難しいところです。

●一番苦労した点

　脳活動を計測するときに子どもは基本的に動いてはいけません。しかも，脳活動の計測には，フォルダという帽子のようなものをかぶらなければなりません。このフォルダの取りつけが一番難しいのです。現在でも試行錯誤が続いていますが，有効な方法としては，フォルダを取りつける最中に，アニメーションを見せるなどして子どもの注意を別のモノにそらすことです。

●こんなところがおもしろい

　研究者にとっておもしろいのは，誰も調べていない研究領域を調べて，自分なりの考え（理論）を述べることにあると思います。ところが，現在の発達心理学の研究は，先行研究の重箱の隅をつつくようなことで満足している研究が少なくないようです。現在の発達心理学が扱っている子どもの心の様相は，ごく一部にすぎません。誰かが調べた子どもの心の様子を再検討するのではなく，誰も知らない子どもの心のあり方を調べるほうがおもしろいかなと思います。

II 部
他者の心を理解する心

4章
自他の心の理解の始まり

瀬野由衣

リサーチクエスチョン Q　子どもが自分や他者の心の存在に気づくのはいつ？子どもにとって「知っている」とは？

　海外に向かう飛行機の窓側の席にいた時のこと。私の前列には，3歳後半になった友人の娘のなっちゃんが座っていました。ある時，窓のシャッターを開けたなっちゃんは，きれいな朝焼けを見つけました。「おねえちゃん！」と呼ばれた私が横のシャッターを開けると……。眼下には美しい光景が広がっています。

　その直後，さらに素敵な出来事が起きました。なっちゃんが，私の横のシャッターを閉めてこう言ったのです。「だいじょうぶ。なっちゃんが見といてあげるから！」と。驚いた私が「なっちゃんがおねえちゃんの分も見といてくれるの？」と尋ねると「うん！」と自信満々です。なっちゃんの言葉には，"私（なっちゃん）が見て体験する世界をあなた（おねえちゃん）も体験できるよ。だから大丈夫だよ"と考える3歳児の心の世界のあり様が端的に表れています。本当にそれが実現できたら，どんなに素敵でしょうね。

　私とあなたの心に映し出される世界は，共有できる側面を有すると同時に個別的なものでもあります。この事実に，子どもはいつ頃気づくようになるのでしょうか。本章では，上記のなっちゃんのエピソードを手がかりにしながら，子どもの心の世界を探究する研究の魅力に迫っていきます。

1 心の理解に関する研究史

1) 「心の理論」とは

心理学には，人間が目に見えない心の存在にいつ頃気づくようになるのかを探究してきた長い歴史があります。心は目に見えません。それゆえ，心をどのように定義し，子どもが心の存在に気づいているかをいかに調べるのかが関心の的になってきました。

見えない心を推測する手がかりになるのが目に見える行動です。発達心理学では，人の行動の背後に「心」が存在することを理解できる個体を「心の理論」をもつと呼びます（詳細は，子安，2000；子安・木下，1997）。ここでいう「心」は，知識（知っていること）や信念（考えていること），目的，意図などの心的状態と定義されます。では，ある人が「心の理論」をもつか否かを調べるにはどうしたらよいでしょうか。

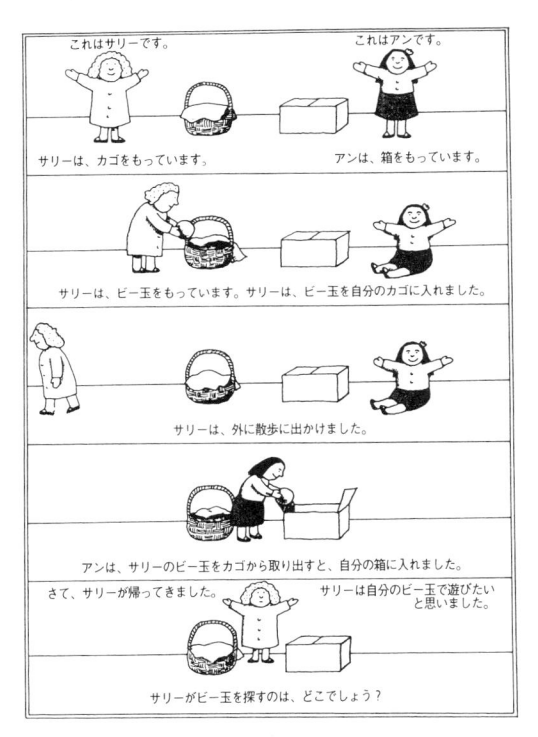

図 4-1　サリーとアンの課題
(『新訂　自閉症の謎を解き明かす』ウタ・フリス著　冨田真紀・清水康夫・鈴木玲子訳　東京書籍，2009年，162頁より転載)

2) 誤信念課題：他者から見える世界を推測する

心理学者が苦心の末に編み出した方法は誤信念課題を子どもに解いてもらうことです（Wimmer & Perner, 1983）。

図 4-1 に示した「サリーとアンの課題」と呼ばれる誤信念課題では，サリーが不在の間にサリーが最初にビー玉

を置いたカゴから箱へアンがビー玉を移動させます。サリーはその事実を知らないのですが、一部始終を眺めていた子どもは事実を知っています。この課題のポイントは、サリーがどこを探すかを予想させる点にあります。4～5歳児は、サリーの探す場所を「カゴ」と予想します。これは、現実（ビー玉は箱の中）とサリーの心の中に映し出されたサリーにとっての現実（ビー玉はカゴの中）のズレを理解してはじめて導かれる答えです。3歳児の大部分は、この質問に「箱」と答えます。

整理しましょう。誤信念課題では、子どもが直面する現実とサリーにとっての現実がズレる事態を作り出しています。サリーの誤った信念を理解できるか否かを指標にして"人には、その人に固有な心の世界があること"を理解しているかを調べているのです。なお、3歳児は、最初にビー玉が入っていた場所と現在ビー玉が入っている場所を尋ねる記憶質問には概ね正答します。ビー玉の場所を覚える記憶力はもち備えているのです。

冒頭で紹介した3歳のなっちゃんが誤信念課題に取り組んでくれたら、おそらく「（サリーは）箱を探す」と自信をもって答えたでしょう。なっちゃんは「自分が見て体験すること」と「他者が体験できること」の違いに気づいていないことを示唆する姿をたくさん見せてくれました。たとえば、かくれんぼで「もういいかい？」と尋ねると「もういいよー」と言いながら、筆者から丸見えの状態で笑っていたり……。隠れるという行為は相手から見えない世界を作って初めて成立します。かくれんぼを成り立たせるには、自分と他者から見えている世界が異なることに気づいている必要があるのです。

3) スマーティー課題：私から見える世界を自覚する

それでは、3歳頃の子どもは自分自身の心の存在には気づいているのでしょうか。図4-2は、子どもが自分の過去の信念に気づいているか否かを調べるスマーティー課題（Gopnik & Astington, 1988）の流れです。図の順番に従って見ていきましょう。

3～5歳頃の子どもに、スマーティーのお菓子箱の中に何があるかを尋ねます。すると、子どもは「スマーティー」と正しく答えます（a）。実験者が中身を見せると、中には鉛筆が入っています（b）。続いて実験者は蓋を閉めて、再び、今何が入っているのかと尋ねます。この質問に対しては、すべての子ど

図 4-2　スマーティー課題（Oates & Grayson, 2004 をもとに作成）
イラスト©瀬野未知（図 4-3 ～ 4-5 も同じ）

もが「鉛筆」と正しく答えます（c）。興味深いのは，次の質問に対する 3 歳児の回答です。「蓋がしまった箱を初めて見た時，あなたは中に何が入っていると思ったかな？」と尋ねると，3 歳児の多くが「鉛筆」と答えたのです（d）。「鉛筆」は，現在の箱の中身であって過去の自分の信念ではありません。「スマーティー」という回答は 4 歳頃から可能になります。

この回答を導くには，自分が知っている現実と切り離して，自分が過去に考えていた事柄を振り返ることが必要です。「今は○○と知っているけれど，あの時の自分は△△と思っていた」と記憶を回想する力は，4 ～ 5 歳頃からもてるようになります（11 章も参照）。

4）「心の理論」のその後の発達：一次的信念から二次的信念の理解へ

「心の理論」が成立した後の子どもの心的世界は，児童期に入り，さらに深化していきます。先ほど，4 ～ 5 歳頃の子どもはサリーの誤信念を予測できると述べました。これを一次的信念の理解と呼ぶことがあります。次に可能になるのは二次的信念の理解です。

図 4-3 を見てください。左側の女の子は，サリーの誤信念を予想している 5 歳児です。右側には，5 歳の女の子の信念を予想している 9 歳の小学生がいます。この男の子は「サリーはカゴの中にビー玉があると信じている」と女の子は信じている」と考えています。これが二次的信念の理解です。二次的信念の理解は，簡略化された課題で調べた場合で 6 歳後半 ～ 7 歳前半頃，概ね 9 歳頃には可能になることが示されています（林，2002）。

二次的信念を理解できるようになると"自分が○○と思っていることを相手

はどう思っているだろう？"といった複雑な考えを思い巡らせるようになります。映画や小説の主人公に自分を重ねて、架空のストーリーを楽しめるようにもなります。一方、相手から見た自分を意識し過ぎるなど、気に病むことが増える側面もあるでしょう。新しい見方が生まれることは、世界の拡がりをもたらすと同時に子どもの中にあらたな矛盾を生むことでもあるのです。

図4-3 一次的信念と二次的信念の理解
（Whiten, 1991を改変したうえで作成）

5） 心の理解の起源を巡る論争：理論説と生得説の対立

「心の理論」研究を概観すると、自分や他者の心を理解する能力は4～5歳頃に成立すると考えることができます。しかし、実際にはこの見解に異議を唱える立場も存在します。前者を理論説、後者を生得説と呼ぶと、理論説は環境とのかかわりを通して子ども自身が能動的に心を理解する能力を構築していくと考える立場です〈その他の理論的立場に関しては、子安・木下（1997）を参照〉。一方、生得説は、4歳以前でも子どもは心を理解する能力をもつと考えます。言語を扱う能力や実行機能（3章参照）といった誤信念課題の達成に必要なスキルの不足が、潜在的に存在する心を理解する能力の発揮を妨げると考えるのです。生得派は、幼い子どもの有能さを強調し、潜在的に存在する能力を取り出すために誤信念課題を簡易化する工夫を重ねてきました。

最初に誤信念課題が考案された1983年から現在に至るまで、実に多くの実験が行われ、二つの立場の是非を巡る論争が続いてきました。この論争に終止符を打とうとしたのがウェルマンほか（Wellman et al., 2001）の研究です。ウェルマンほか（2001）は、「心の理論」に関する過去の178の研究結果を統合するメタ分析を行いました。生得説と理論説のそれぞれを支持する研究結果をすべてまとめて統計的検定にかけ、信頼性のある知見を得ようとしたのです。その結果、3歳代には心の理解に関する概念的変化が生じないという理論説を支持する結果が得られました。一方、この結論に生得派も黙っていません。2005年にオオニシとベイヤージョン（Onishi & Baillargeon, 2005）が「15カ月児は誤

信念を理解するか？」という挑戦的なタイトルの論文を出したことを契機に両者の論争が再燃しています。

6）生得説の主張：1〜2歳児は誤信念を理解している

近年，生得派の人たちは，主に二つの方法を使用して言葉を十分に扱えない乳幼児の心的世界を探ろうと試みています。一つは，期待背反法です（2章も参照）。期待背反法は，起こりえない事象を見た時にその事象を注視する時間が増加する点に着目するものです。"注視時間の増加＝その出来事が起こり得ない事象であることを理解している"と仮定することがポイントです。

オオニシとベイヤージョン（Onishi & Baillargeon, 2005）は，期待背反法を用いてサリーとアンの課題を変形した非言語版誤信念課題を実施しました。非言語版誤信念課題は，ストーリーを子どもに聞かせることもなく，言語教示も含みません。サリー役である大人の行動とモノの移動に関する一連の出来事が一定の手順をふんで提示されます。実験の結果，15カ月児が「対象の場所が移動したことを知らないはずの大人が，「実際に今対象がある場所」を探した時にびっくりした（注視時間が長かった）」ことが示されました。彼らは，この結果を根拠に15カ月児は「他者が〈知らない〉ことを知っている」＝「誤信念を理解している」と主張したのです。

上記の結果は，予期注視法と呼ばれる別の方法でも支持されました。予期注視法はアイ・トラッカーという眼球測定装置等を使用して自発的な視線の動きのパタンを追跡するものです。期待背反法が予想に反する事象を見せた後の事後的な注視時間に着目するのにたいし，予期注視法は他者が実際に行動する直前に他者の探す場所に視線を向ける傾向に着目します。予期注視法を用いて非言語版誤信念課題を実施したサウスゲートほか（Southgate et al., 2007）は，25カ月児が，場所が移動されたことを知らない人がモノを探す行動をとる直前に「始めにモノがあった場所」（その人物が探すと予想される場所）を注視するという結果を得て，2歳児に誤信念の理解があると主張しています。

上記二つに代表される手法が，言語獲得以前の乳幼児から見えている現象世界の解明に一定の貢献を果たしたという事実（下條，1988）は，きわめて重要なことでしょう。しかし，仮に1〜2歳児が知覚レベルの指標で他者の誤信念を予期するふるまいを見せたとしても，それを4〜5歳児に相当する心を理解

する能力をもつ証拠ととらえる必然性があるのでしょうか？　この点について，生得派の研究者は"原初的で言語化できない implicit な「心の理論」をもつ"（Onishi & Baillargeon, 2005）とやや慎重な姿勢を示していますが，大人に近い理解が早くからあると仮定するスタンスは確かなようです。この結果の解釈を巡っては，さまざまな批判もあり（Perner & Ruffman, 2005; Ruffman & Perner, 2005），現在も熱い議論が展開されています。以下では，現実を生きる子どもの姿と照らし合わせながら，この問題について考えていきます。

Key Words

▶心の理論（theory of mind）　➡58ページ

　自分や他者の行動の背後に，目的や意図，知識，信念などの心的状態が存在することを理解できるとき，その個体は「心の理論」をもつと考えられています。「心の理論」研究は，チンパンジーを対象にした霊長類研究が出発点となったが，現在は，乳幼児期の発達や自閉症研究，哲学や脳神経科学の領域を巻き込む学際的な研究テーマの一つとなっています。

▶理論説（theory theory）　➡61ページ

　心を理解するようになる発達過程を，心の表象的性質（心は現実そのものではなく，現実を表すものである）に気づくようになる，子ども自身の能動的な理論形成の過程と考える立場。心を理解する能力を所与のものとみなさず，子ども自身が構築していくというスタンスを重視します。理論説の代表としては，パーナー（Perner, 1991）があげられます。

▶生得説（innate modularity theory）　➡61ページ

　心を理解するためのメカニズムが生得的に組み込まれていると考える立場。その代表の一人であるレスリー（Leslie, 1994）は，ToMM（Theory of Mind Mechanism）という領域固有のモジュール（あるシステムを構成する機能的にまとまった単位）が生得的に子どもの中に存在し，年齢の上昇とともにToMMが成熟し機能する結果として，心の理解が可能になると提案しています。心のモジュール性を重視するため，モジュール説とも呼ばれます。

2 出発点をアクチュアルな子どもの世界に据える

1) 実験に取り組む子どもの姿に学ぶ

　筆者は，標準的な誤信念課題に通過する前提条件ともいえる「見た人は知っているが見なかった人は知らない」という理解がいつ頃可能になるかに関心をもって研究に取り組んできました（瀬野・加藤，2007）。コラムで紹介したように，隠し場所を知らないはずの他者の知識状態（「知っているか否か」）を尋ねた時に，半数近くの年少児が実際に人形が入っている隠し場所を指し示す姿は，今でも忘れられない現象です（図4-4参照）。こうした行為傾向は年中から年長にかけて確かにみられなくなります。

　一方，子どもを実際に巻き込んで誤信念課題を実施したときの年長の子どもの姿も忘れられません（瀬野・加藤，2007）。誤信念課題では，サリー役の大人が不在の間に対象を別の場所に移動させます。この時，多くの年中，年長児は，筆者と目を合わせてうれしそうに"にやり"と笑うのです。他者が知らない状況を自分たちが作り出している優越感がこの笑みをもたらすのでしょうか。戻ってきた時にびっくりする他者の姿を想像しているのかもしれません。この"にやり"は3歳児には観察されません。3歳児はどちらかというと率直に，実際に対象が入った場所を指し示すからです。

　筆者が目にした3歳児の"未熟"な一面は，知覚レベルで1～2歳児が誤信念の存在に気づいているという生得説の主張と矛盾するようにみえます。しかし，言語の意味理解が成立する以前に視線を通して1～2歳児が「知っている（区別している）」ことと，言葉を使ったコミュニケーションの中でどのような実感をもって子どもたちが「知っている」ことと向き合っているのかは，そもそも問題にしている水準が異なると思うのです。このような区別のうえで，後者の視点から取り組んだのが次に紹介する実験（瀬野，2008）です。なお，期待背反法に含まれる乳児研究の課題に関しては，加藤（2011）をご参照ください。

図4-4　「見ること─知ること」課題における3歳児の姿

2) 子どもにとって「知っている」とは？

図4-5は，子どもと筆者から成るアンパンマンチームと敵であるバイキンマンチームが宝物をあてあうゲーム場面（以下，知識課題）を図示したものです。

知識課題は，協力相手と競争相手が，宝物の隠し場所を知っている子どもに「知ってるかな？」「教えて」と二段階方式で尋ねる場面を作ったことがポイントです。競争相手が「知ってるかな？」と尋ねる背後には，「宝物を取ってしまおう」という意図があります。それゆえ，「知ってるかな？」と尋ねられた後に「教えて」と促されても，知識を提供しない構えが求められます。一方，協力相手は子どもの仲間ですから，知識を提供しても宝物は子どものチームのものです。「知ってるかな？」と尋ねる他者の意図を推測して，相手に応じて知識の提供と非提供を使い分けることが必要なのです。まさに「心の理論」が試される課題といえるでしょう。以下，この実験の目的を整理する前に補足をしておきます。

図4-5　ゲーム場面の概略図

瀬野（2008）では，知識課題以外に実行機能課題を併せて行いました。実行機能とは，行為や思考をモニターしたりコントロールする高次の自己制御過程を総称したものです（Carlson, 2005）（3章参照）。実は，1990年代から2000年代にかけ，誤信念課題を中心とした「心の理論」課題の達成に実行機能の発達が関与することが指摘されてきました（Perner & Lang, 1999）。とりわけ，ワーキングメモリ（いくつかの情報を記憶しつつ，必要に応じてほしい情報を活性化させる力）や抑制制御（不適切な優勢反応を抑制すること）が誤信念課題の達成にかかわるといわれています（Carlson & Moses, 2001）。サリーが探す場所を予想するには，自分が実際に知っている「現在の隠し場所」と「サリーの心に映し出された隠し場所」を同時に思い浮かべ，サリーの視点に立つ必要があります。この時に必要な認知機能を細分化して考えた時，いくつかの情報を心に留めるワーキングメモリと，実際にビー玉がある場所をさそうとする優勢な反応を抑える抑制制御の働きが重要であるということもうなずけるでしょ

う。筆者は，主にこの二つの認知機能に着目し，昼／夜課題という実行機能課題を使用しました。この課題は，太陽が描かれた昼のカードを見た時に「夜」，月の描かれた夜のカードを見た時に「昼」と逆を答えるものです。

以上の背景のもと，次の仮説を立てて実験は開始されました。
- 知識課題で知識の提供と非提供を使い分ける行動は，「心の理論」が成立する4～5歳頃から可能になるだろう。一方，3歳代では，競争場面と協力場面の両方で隠し場所を指し示す強い行為傾向が現れると予想される。
- 「心の理論」の成立に実行機能（ワーキングメモリと抑制制御）の発達が関与するならば，知識課題と昼／夜課題の成績の間に関連がみられるだろう。

3） 結果の分析，そして解釈へ

さて，次は結果の分析です。分析は，論文を書く本人が一番知りたいことを端的に表す部分です。筆者は，知識課題での子どもの行動を表4-1のように分類しました。分類基準①と③がもっとも注目したかった行動です。

最初に，一つひとつの子どもの行動を上記の分類基準にあてはめます。その

表4-1 子どもの行動の分類基準

種類	内容
分類基準①：即時性の強い行動	「知ってるかな？」という質問以前，もしくは質問後，次の質問（「教えて」）までに以下のカテゴリに該当する行動を示す a：宝物の入ったコップをさす，または開ける b：宝物の入ったコップの色を言う
分類基準②：即時性の弱い行動	「教えて」という質問後に上記のa，bに該当する行動を示す
分類基準③：知識を提供しない行動	「知ってるかな？」と尋ねられても，「教えて」と尋ねられても，以下のいずれかの方法で知識を提供しない c：拒否する（「教えない」と言って言語的に拒否する，黙ったり，首を振るなどの方法で拒否する行動が該当） d：欺く（宝物の入っていないコップをさす）

分類が妥当か否かは別の人にも判断してもらいます。次に，目的に照らして競争場面と協力場面の行動をセットにして次の基準を作りました。パタン（B）とパタン（C）を区別したのは隠し場所をさす行動の即時性を調べるためです。

パタン（A）正答：競争場面で分類基準③，協力場面で分類基準①，②を示す。
パタン（B）誤答：競争場面，協力場面の両方で分類基準①を示す。
パタン（C）誤答：競争場面，協力場面で分類基準①，②のいずれかを示す。

　実験の結果は仮説を支持するものでした。3歳代を中心とする年少児では，協力場面，競争場面にかかわらず，隠し場所をさし示す強い行為傾向（パタン（B））が確認されました。なかには「知ってるかな？」と尋ねる以前に隠し場所をさす即時性の強い行動をとる3歳児の姿も観察されました。強い行為傾向は年齢の上昇とともに見られなくなり，知識の提供と非提供を使い分ける行動（パタン（A））の出現率が年齢の上昇とともに増加していきます。また，知識課題と昼／夜課題の間にも強い相関が認められました。これは「心の理論」と実行機能の発達的関連を示唆する過去の研究（Carlson & Moses, 2001）を支持するものといえるでしょう。以下では，上記の結果を考察しながら，今後の「心の理論」研究の方向性について考えていきます。

3　今後の展望と教育へのヒント

1)　「心の理論」研究の展望
　ここまで読み進めてきたみなさんはすでにお気づきかと思いますが，筆者は4～5歳頃に心の理解に関する質的変化が生じると考える理論説の立場をとっています。3歳児と年長の子どもたちの"違い"にこだわって研究を続けてきたといえるのかもしれません。もちろん，一人ひとりの子どもは誕生してから連続した時間を生きていますから，3歳と4～5歳の間で何かがガラっと変化するという発想に違和感をもつ人もいるでしょう。しかし，現実を生きるアクチュアルな子どもの姿を目にした時に感じるのは"子どもから見える世界は変化する"という事実です。
　では，具体的に，3歳児と年長の子どもの"違い"にこだわることで何が見

えてくるのでしょうか。筆者は，4～5歳頃に子どもの中で「私」という存在の在り方が大きく変化する点を強調しておきたいと思います。筆者の研究に照らせば，自分が知識をもっている状況で「私は知っている！」と外の世界に向けて自分の知識状態を開くことができるのが3歳児といえるのではないでしょうか。"知っている"ということ自体が紛れもない「私」なのです。一方，4～5歳頃の子どもは「知っている私」を意識し始めます。それは，同時に「知らない他者」の存在を意識することでもあります。それゆえ，自分が知っていることを常にひけらかさず「私」の中で閉じる側面と他者に開かれる側面を併せもてるようになっていくのです。この「私」の形成に実行機能の発達がかかわるというのが筆者の研究で得られた知見です。

　今後は，「私」という存在の在り方が変化していく発達過程を包含する視点をもった研究が重要になってくると思われます。以下では，その一つの手がかりを示すものとして，3歳代の子どもの誤信念の理解の実態に迫るラフマンほか（Ruffman et al., 2001）の研究を紹介します。

2）"自信"という着眼点から3歳児の内面世界に迫る

　ネズミのエドが赤い箱にボールを入れた後，はしごを登って寝室に眠りに行きます。その間にケティが登場し，赤い箱からボールを出して緑の箱に入れ替えます。この様子をエドは見ていません。目覚めたエドは，すべり台を滑ってボールを取りに行こうとします。赤い箱の中を見に行く場合は赤いすべり台，緑の箱を見に行く場合は緑のすべり台を滑らねばなりません。

　実験者は，まず"エドはどのすべり台を滑るのかしら"と言って子どもの視線の動きを調べました。すると，3歳児の多数が赤のすべり台の側に視線を向けることが録画記録の分析によって明らかになりました。エドの探す場所を知覚レベルで正しく予想していることを示唆する結果です。しかし，実際に言語で明示的に「エドはどのすべり台から降りてくるかな？」と尋ねると，3歳児の多くが緑の箱を選んだのです。

　この実験でおもしろいのは，明示的な質問に"かけ"をする手続きを加えている点です。プラスチック製のチップを10枚用意し，エドが降りてくると思うすべり台の側にチップを置くように伝えます。"かけ"ですから，自信がある場合は一方の側に10枚すべて置きます。自信がない場合は，赤い側に6枚，緑

の側に4枚置くなどしてチップの量を調整できます。もちろん，3歳代で"かけ"が可能であることは事前に確認されています。

結果はきわめて興味深いものでした。視線では正しく赤のすべり台の方向を注視したのに言語質問で緑のすべり台を誤って選択した3歳代前半の子どもたちは，自分の誤った選択に自信をもっていたのです。ほぼ全員が10枚のチップをすべて緑のすべり台の側に置きました。一方，言語質問に正答できた一部の幼い3歳児は，正しい選択をしたにもかかわらず，その選択に自信がなく，赤のすべり台の側に平均して6枚のチップを置きました。自信のないチップの置き方は，言語質問に正答した年長の子どもたちには見られませんでした。

ラフマンほか（Ruffman et al., 2001）の結果は，3歳児の心的世界を多面的にとらえている点でおもしろいと思います。視線の動きに着目すると，3歳代に言語化できない水準の心の理解が存在する可能性を示唆する結果とも解釈できます。一方，こうした3歳児の大部分が誤った選択に自信をもっていたという事実は，意識レベルで3歳児が誤信念の理解を自覚していないことを示唆しています。正しい選択ができた一部の3歳児が自分の判断に確信がもてなかったというのも興味深いですね。自覚的な内面世界が生まれたばかりの3歳児の理解にゆらぎが生じているともいえそうです。

今後は，さらに年少の1〜2歳代を含め，無意識と意識レベルの理解の内実を明らかにしていく研究が必要になってくると思われます。

3）「心の理論」研究に内包される子ども理解の視点とは？

近年，4歳以前に心の理解の萌芽があることを示唆する研究結果が多数出てきています（Onishi & Baillargeon, 2005; Ruffman et al., 2001; Southgate et al., 2007）。筆者は，生得派の研究者が提示する乳幼児の有能性を示唆する知見をすべて否定するつもりはありません。誕生後の発達をダイナミックに展開していくために必要な生得的基盤を乳児がある程度備えて生まれてくることは確かなことだと思うからです。しかし，こうした傾向が行き過ぎた結果，子どもの中に「小さな大人」の姿を発見しようとする傾向（加藤，2011）に拍車がかかる現状には違和感を抱いています。年齢によって異なる質的な"違い"に目を向けることが，発達論的にも，現実の子どもと向き合ううえでも重要であると考えるからです。

年齢による"違い"に着目する視点は，保育実践や子育て場面で子どもを理解する際にも重視されています（神田，2004；木下，2010）。3歳児の発達的特徴を「イッチョマエの3歳児」と表現した神田（2004）は，3歳代を言葉で考える力が芽生え始め"自分は何でもできるんだ"という一人前意識が非常に強い時期として考察しています。大人から客観的に見るとまだまだ未熟なのに，本人のなかでは自信に満ちあふれているのが3歳児の一面といえるでしょう。冒頭で紹介したなっちゃんのエピソードはもちろん，筆者の実験で「ここ！」と隠し場所をさす3歳児の姿（瀬野・加藤，2007；瀬野，2008）からも，3歳児のイッチョマエ意識の強さが感じられます。

　一方，一人前としてふるまおうとすればするほど，子どもたちの意識には「本当の一人前の世界」＝「子どもの世界を超えた世界」が次第に映し出されていきます（神田，2004）。すごい自分を発揮すればするほど「すごいとはどういうことか？」という自己点検の目が生まれてくるのです。こうして「ふりかえりはじめる4歳児」（神田，2004）に成長していくわけですが，これはまさに「心の理論」の芽生えを示しているといえるでしょう。

　神田（2004）の著書を読むと，自信満々の3歳代を経て，次第に自己を意識し始める子どもたちの姿が何だか愛おしく，少し切なくも感じられます。ある時期の子どもが，その時々の「私」で世界に向き合っていることに思わず共感してしまうからかもしれません。発達の質的変化を重視する視点は，すでに大人になってしまった私たちに，子どもから見える世界へとつながる架け橋を作り出してくれるようです。

引用文献

Carlson, S. M.（2005）. Developmentally sensitive measures of executive function in preschool children. *Developmental Neuropsychology*, **28**, 595-616.

Carlson, S. M., & Moses, L. J.（2001）. Individual differences in inhibitory control and children's theory of mind. *Child Development*, **72**, 1032-1053.

Frith, U.（1989）. *Autism: Explaining the enigma*. Oxford: Blackwell. フリス，U., 冨田真紀・清水康夫・鈴木玲子（訳）（2009）．新訂 自閉症の謎を解き明かす．東京書籍．

Gopnik, A., & Astington, J. W.（1988）. Children's understanding of representational change and its relation to the understanding of false belief and the appearance-reality distinction. *Child Development*, 59, 26-37.

林　創（2002）．児童期における再帰的な心的状態の理解．教育心理学研究，50，43-53.

加藤義信（2011）．"有能な乳児"という神話——「小さな大人」発見型研究から「謎としての子ども」研究へ．木下孝司・加用文男・加藤義信（編）子どもの心的世界のゆらぎと発達：表象発達をめぐる不思議．ミネルヴァ書房．pp.1-33.

神田英雄（2004）．3歳から6歳：保育・子育てと発達研究をむすぶ（幼児編）．ちいさいなかま社．

木下孝司（2010）．子どもの発達に共感するとき——保育・障害児教育に学ぶ．全障研出版部．

子安増生（2000）．心の理論．岩波書店．

子安増生・木下孝司（1997）．心の理論研究の展望．心理学研究，68，51-67.

Leslie, A. M. (1994). Pretending and believing: Issues in the theory of mind. *Cognition*, 50, 211-238.

Oates, J., & Grayson, A. (2004). *Cognitive and language development in children*. Oxford: Blackwell.

Onishi, K. H., & Baillargeon, R. (2005). Do 15-month-old infants understand false belief? *Science*, 308, 255-258.

Perner, J. (1991). *Understanding the representational mind*. Cambridge, MA: MIT Press.

Perner, J., & Lang, B. (1999). Development of theory of mind and executive control. *Trends in Cognitive Sciences*, 3, 337-344.

Perner, J., & Ruffman, T. (2005). Infants' insight into the mind: How deep? *Science*, 308, 214-216.

Ruffman, T., Garnham, W., Import, A., & Connolly, D. (2001). Does eye gaze indicate implicit knowledge of false belief? Charting transitions in knowledge. *Journal of Experimental Child Psychology*, 80, 201-224.

Ruffman, T., & Perner, J. (2005). Do infants really understand false belief? Response to Leslie. *Trends in Cognitive Sciences*, 9, 462-463.

瀬野由衣（2008）．幼児における知識の提供と非提供の使い分けが可能になる発達的プロセスの検討：行為抑制との関連．発達心理学研究，19，36-46.

瀬野由衣・加藤義信（2007）．幼児は「知る」という心的状態をどのように理解するようになるか？：「見ること—知ること」課題で現れる行為反応に着目して．発達心理学研究，18，1-12.

下條信輔（1988）．まなざしの誕生．新曜社．

Southgate, V., Senju, A., & Csibra, G. (2007). Action anticipation through attribution of false belief by 2-year-olds. *Psychological Science*, **18**, 587-592.

Wellman, H. M., Cross, D., & Watson, J. (2001). Meta-analysis of theory of mind development: The truth about false belief. *Child Development*, **72**, 655-684.

Whiten, A. (1991). *Natural theories of mind: Evolution, development and simulation of everyday mindreading*. Oxford: Blackwell.

Wimmer, H., & Perner, J. (1983). Beliefs about beliefs: Representation and constraining function of wrong beliefs in young children's understanding of deception. *Cognition*, **13**, 103-128.

Column

●この研究を始めたきっかけは？

　ある日，先輩の実験を手伝っていた時のことです。先輩が隠し場所を見なかった私の知識状態（隠し場所を知っているか否か）を尋ねると，3歳児の多数が「ここ！」と隠し場所を指したのです！（「知らない」と答えると予想していた私はビックリです）。この場面との出会いが"3歳児にとって「知っている」とはどういうことなのか？"という研究テーマが生まれる出発点となりました。本文中で紹介した知識課題は，3歳児の行為傾向が日常場面に近い状況でも再現性があるか否かを調べるために考案したものです。

●一番工夫した点は？

　知識課題で，子どもが仲間である協力相手に知識を提供し，競争相手には知識を提供しない行動をとることが自然になるように，ゲームの途中で子どもが味方チームの「見張り役」になるという設定を作ったことです。見張り役であれば，敵チームが宝物を隠す場面を見ることが自然な流れになるからです。当初は，ゲームの途中で見張り役を導入することを子どもが受け入れてくれるか心配しましたが，実に楽しそうに課題に取り組んでくれました。

●一番苦労した点は？

　実験で一定の統制された状況を作ることは必須です。その一方で"できれば子どもが楽しく取り組んでほしい"という願いが研究する側にはあります。自由度が保障された"楽しい状況"と"統制された状況"を両立させることが最大の難問でした。その問題を解決するために，多くの方々の知恵をお借りしました。そんな過程を経てできあがった課題は，私にとって愛着のある大切な課題です。

●こんなところがおもしろい！

　子どもと接していると思いがけない不思議な現象に出会うことがあります。こうした現象と出会い，その現象の発達的意味を探求することはワクワクする謎解きのようです。そして，これらは人が人として発達していく過程について考えるヒントを与えてくれるものでもあります。発達研究には"一度魅せられるとやめられない"，そんな魅力が内包されているように思います。

5章
人の行為の良い悪いのとらえ方

林　創

リサーチクエスチョン
Q 子どもの道徳判断は大人とはちょっと違う？
どうして何もしなくても悪いと感じるのか？

　私が，幼児とトランプで遊んでいたときのことでした。ババ抜きでカードを配っていたとき，ちょっといたずら心で，私の分を一度スキップをして，その子どもに2回続けて（余分に）カードを配りました。すると，その子どもは途端に「ずるい！」と指摘したのです（子どもは大人の行為をよく見ているのでご注意を！）。

　人の行為を見て良いか悪いかを区別する「道徳性」は，人間に備わるもっとも重要な心の働きの一つです。もし，道徳判断がうまく機能しないと人間社会はたいへんな混乱が生まれるでしょう。各自が欲望のままに行動していては，何も発展が得られません。しかし幸いなことに，多くの人間はともに協力し，困っている人がいれば共感して自然と助けます。他者が人を騙したり，迷惑になることを知りながら放置する（何もしない）といった行為を悪事と見抜き，自分の悪事には罪悪感を抱きます。これらはすべて，道徳性によって支えられているといえるのです。

　では，このような道徳性はいつ頃どのように発達していくのでしょうか？　実は，子どもの道徳判断は大人とはちょっと違うこともわかってきています。本章ではその研究を紹介していきましょう。

1　道徳性の発達心理学的研究

1）道徳判断は理性的か？

「道徳」という言葉を聞くと，何か崇高な感じがしますよね。プラトンやカントといった有名な哲学者は，徳のある行為の背後には意識的な理性の働きを考えていましたが，一般社会でも道徳は深い精神性と思考のうえに成り立つものと考えられる機会が多いのではないでしょうか。実際，学校での道徳の授業では，子どもたちに葛藤状況におかれたお話を聞かせて，悪い行為をしてしまった登場人物の気持ちを深く考えさせたり，議論させたりするので，かなり理性的な判断が求められます。

心理学においても，道徳性は理性によるもので，経験や学習の影響が大切だと長い間信じられてきました。それでは，言葉が発達し，論理的な思考がしだいに発達していく幼児期から児童期の子どもの道徳判断はどのように発達するのでしょうか。ピアジェは，次のような2つのお話を子どもたちに聞かせました（Piaget, 1932）。

（A）男の子が，ドアの後ろにコップがあるのを知らないままドアを開けてコップを15個割ってしまった。
（B）男の子が，戸棚のお菓子を盗み食いしようと，戸棚によじ登った際に，コップを1個割ってしまった。

ピアジェは，7歳頃までは（A）のほうが悪いという判断が多く，その後の年齢では（B）のほうが悪いと判断し，「結果論的判断」（被害の大きさ）から「動機論的判断」（盗み食いをしようとした）へと判断基準が変わることを紹介しました。また，コールバーグは，「ハインツのジレンマ」という葛藤状況を含むお話に対して，どのような理由づけをするか（病気の妻を救うために，やむなく薬を盗んだハインツの行動をどのように判断するか）を考慮し，3水準（6段階）からなる道徳性の発達段階を提唱しました（Kohlberg, 1969）。そこでは，はじめは罰を避けるような「前慣習的水準」から，社会的ルールを意識した「慣習的水準」，そして自らが定義した道徳的価値によって判断する「脱

慣習的水準」へと発達するとされます。これにより，理性を働かせた道徳性の発達の様子が明らかになったのです。

2) 道徳性は生得的なもの？

　このように見てくると，道徳性が理性の賜物であることに疑問の余地がないような気がしてきます。しかし，本当に道徳性は理性的なものといえるのでしょうか。そこで，次のストーリーを読んでみてください。みなさんなら直観的にどう判断しますか？

> ストーリー①：線路上に5人の人間がいます。その線路上をトロッコが猛スピードで走っており，このままでは5人が轢き殺されてしまいます。あなたは今，ポイント（転轍機）の前にいるのですが，そのポイントのレバーを引いて，トロッコを支線のほうに引き込めば，確実に5人は助かります。ただし，その場合は，支線上にいる1人の人間が轢き殺されます。
> 　あなたは，ポイントのレバーを引きますか？

次は少し状況を変えてみます。今度も深く考えず直観的に判断してください。

> ストーリー②：線路上に5人の人間がいます。その線路上をトロッコが猛スピードで走っており，このままでは5人が轢き殺されてしまいます。あなたは今，線路をまたぐ橋の上にいるのですが，横には見知らぬ太った人がいます。その太った人を線路に突き落とせば，列車は止まって確実に5人は助かります。ただし，その場合は，太った人が死んでしまいます。
> 　あなたは，太った人を突き落としますか？

　みなさんの直観的な答えはどうだったでしょうか。実は，この2つのストーリーは同じです。……というと驚かれると思いますが，論理的には「5人を助けるために1人を犠牲にするか否か」という同じ構造をしています。それゆえ，もし人間の道徳判断が「理性的」であれば，どちらにも同じ反応をするはずです。ところが，多くの人はストーリー①では「レバーを引く」（5人のために1人を犠牲にする）と答えるのに，ストーリー②では「太った人を突き落とさ

ない」（5人のために1人を犠牲にはしない）と答えます。論理的には同じでも，状況によって功利主義的（善悪は社会全体の効用や公益によって決定されると考える）に判断したり，定言的（一定のルール〈ここでは「5人を助けるためでも，罪のない1人を手段として使うのは無条件に間違っている」〉に照らして，行為の善悪を考える）に判断したりするのです。さらに，なぜ一貫しない回答をしたのか問われても，すぐには理由づけができません。このように，トロッコ問題に対する判断を見ると，人間の道徳判断は必ずしも理性的ではないことがわかるのです。

　近年，心理学を中心にさまざまな分野で，トロッコ問題やそれに類似した課題を使った研究が進んでいます。それらの研究から，道徳判断は直観的で，感情という無意識的なものが影響を与えている可能性が高いと考えられています。「人を突き落とす」というシーンは，感情的にショッキングで強い拒否反応を感じます。道徳判断の根幹を支えているのは理性的なものというより，感情などによる直観的なものが強いと考えられるのです。つまり，道徳的な理由づけ（理性的判断）が道徳判断を生むのではなく，まず直観的な判断があった後に，辻褄が合うように理由づけが生み出されるのです（Haidt, 2001）。このように考えると，コールバーグなどが明らかにした子どもの道徳判断の発達は，理由づけがいかに上達していくか（Hauser, 2006）という点に焦点があたっていたとも言えそうです。

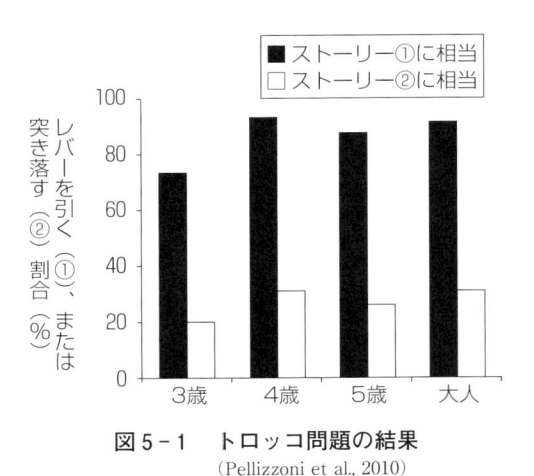

　それでは，道徳性にかかわる直観は，発達的にいつ頃から人間に備わっているのでしょうか。トロッコ問題を幼児にも実施した研究（Pellizzoni et al., 2010）を見ると，すでに3歳の時点でストーリー①ではレバーを引くという選択が多い一方で，ストーリー②では太った人を突き落とすという選択が少なく，大人の反応と類似していることがわかります（図5-1）。

図5-1　トロッコ問題の結果
(Pellizzoni et al., 2010)

さらに，直観的な道徳的感受性の萌芽はもっと年少からも見られます。なんと，赤ちゃんでも単純な物体の動きの中に社会的な交渉やその意味を読みとることができます。6章でも紹介されますが，生後6カ月ですでに，ポジティブな行動（丘に登ろうとしている者●を援助者▲が押して助ける）とネガティブな行動（丘に登ろうとしている者●を妨害者■が押し戻す）を区別し，ポジティブな行動を好みます（e. g. Hamlin et al., 2007）。ポジティブとネガティブが良いと悪いにつながることを考えると，道徳性の基盤がすでに乳児期から備わっているといえます。それゆえ，道徳性は本能であり，言語能力と同様に生得的であるという考え方が広まりつつあります（Hauser, 2006）。

3) 道徳性には直観を超えた理性も大切

人間の心の働きを進化や適応の観点から考える進化心理学者は，われわれの祖先（狩猟採集民だった頃）が恒常的に直面した問題を解決するものが進化し，現在のわれわれの心が形成されていると考えます。このような進化的観点で考えれば，人間の瞬時の直観的判断は重要です。たとえば，捕食者に出会った際

Key Words

▶道徳（morality）➡76ページ

われわれが従うべき社会的ルールは2つに分けられます。第1は「道徳」で，善悪のカテゴリーや絶対的な判断にかかわり，構成の基盤となるのは正義の概念です。福祉，権利，公平な分配，信頼などは道徳の領域です。もう1つは「慣習」で，社会システム内の相互作用を成立させる行動上の一様性であり，構成の基盤となるのは社会の組織についての概念です。服装，性役割，マナーなどは，慣習の領域です（Smetana, 1993）。本章では，より普遍的な道徳のほうに焦点化しています。

▶生得的／生得性（innateness）➡79ページ

人間や生物一般が示す諸形質（形態や行動）が，生まれつき内在する遺伝的なものが自律的に発現したものとする考え方をさします。

に，その都度時間をかけて逃げるべきかどうかを「論理的に」判断していれば，人間は餌食となって大昔に絶滅したはずです。道徳判断においても同様で，他者の行為を逐一「論理的に」判断していては，身動きがとれなくなっていたことでしょう。しかし，現代の人間の生活は，（進化的に現代の心が形成されたとする）狩猟採集時代とは大きく違い，社会構造も激変しています。それゆえ，人間が人間らしく生きていくには，時間をかけて，言葉を使った理性的な判断をすることが求められますし，子どもたちにもそのような判断ができるようになることが求められます。

それでは，道徳判断において，どのようなことが理性的に考えていくうえでポイントになるのでしょうか。ここでは，「心の理論」の発達に着目することがポイントの1つとなりうることを考察していきたいと思います。

4）心の理論に基づく道徳判断

「心の理論」とは，人の行動を「心の状態」（意図・知識・信念・好みなど）を想定して理解する枠組みのことです（詳細は4章を参照してください）。一般に，子どもが心の理論をもつのは4～5歳頃からということが知られています（近年では注視に着目した研究から，もっと年少でももっているといわれていますが，ここでは明示的に使えるようになるという意味で，4～5歳頃からということにしておきます）。こうした「心の理論」の研究の進展から，ピアジェが報告していた年齢よりももっと年少の4～5歳頃から，「意図」や「動機」といった心の状態に注目して，道徳判断をすることが明らかになりました（e.g. Nelson, 1980; Yuill, 1984）。つまり，「わざとかわざとでないか」には，年少の頃から敏感に反応して，大人のように善悪の判断をするのです。

しかし，心の状態は意図や動機以外もあります。たとえば，自分の悪事が発覚した政治家が「秘書がやったことで，私は<u>知らなかった</u>」といった発言をするのをテレビのニュースなどで見たことがある人も多いことでしょう。この言葉の裏には，「知らなかったから悪くない」という意味が隠されています。つまり，結果の予見性を媒介にして，「知っていたら結果を予見できたので悪いことだが，知らなかったから結果を予見できず仕方なかった」という認識があるのです。このように，私たちは日常的に「知っている／知らない」の知識状態によっても道徳判断をしています（図5-2）。それでは，大人では自然に行

っている知識状態をもとにした道徳判断をいつ頃からするようになるのでしょうか。意図や動機と同様に4〜5歳頃に可能になるのでしょうか。

5) 作為と不作為

人間の道徳判断を考えるうえで、もう1つ問題を考えてみましょう。一般に、私たちの「悪い行為」には、動作や言葉といった言動がともなっています。たとえば、人を殴ってケガをさせた場合、誰でもその行為を悪事と即座に認識します。「殴る」という動作に対して「ケガをさせた」結果との因果関係が判断され、責任が問われます。しかし、言動がともなっていなくても悪い場合があります。たとえば、川で溺れている人を助けずに立ち去った人のことを聞けば、「なんてひどい人だ」と感じるはずです。この場合、（溺れているのに）「何もしない」という動きのない行為に対して結果との因果関係が判断され、責任が問われるのです。刑法では、これらの2種類の行為が区別され、「殴る」といった積極的な動作がある犯罪を「作為（commission）」、「何もしない」といった積極的な動作がない犯罪を「不作為（omission）」とそれぞれ定義しています（e. g. 船山, 1999）。

不作為は、その言葉の定義上、行為が「目に見えない」ものですが、とても身近なものです。他者が助けを求めているときに、居合わせた人の数が多くなると援助をしなくなるという「傍観者効果」（e. g. Latané & Darley, 1970）が社会心理学で有名ですが、これも不作為です。また、学校現場でのいじめでは、

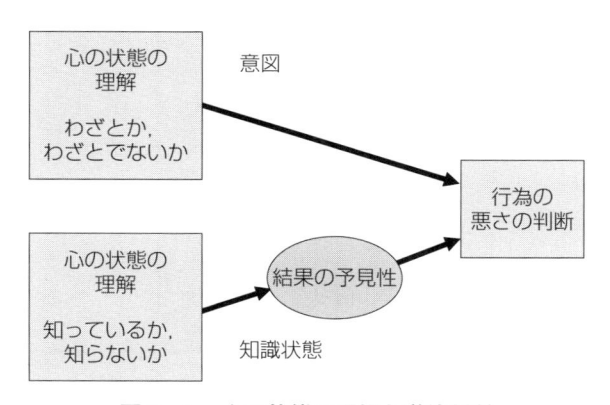

図5-2 心の状態の理解と道徳判断

見て見ぬふりをする傍観者の存在が大きい（e.g. 正高，1998）ともいわれ，不作為は教育的にも重要な問題となりえます。それでは，不作為を子どもたちはいつ頃からどのように認識しているのでしょうか。「目に見えない」行為であるのに，子どもたちは結果との因果関係を認識できているのでしょうか。子どもの発達にとって，これは実に興味深い問いであると思われます。

2　幼児期から児童期の道徳性の発達

1）心の理論（知識状態）にもとづく道徳判断

筆者は，知識状態をもとにした道徳判断の問題と不作為の認識の問題を調べるために，4〜6歳の幼児と7〜11歳の児童，そして大人（大学生）を対象に，次のような実験を行いました（Hayashi, 2007, 2010）。お話①とお話②をアニメーションで提示した（図5-3）のですが，「男の子の行為が，女の子を悲しませる結果を生み出す」という点で同じ構造にしました。ここで，男の子の行為

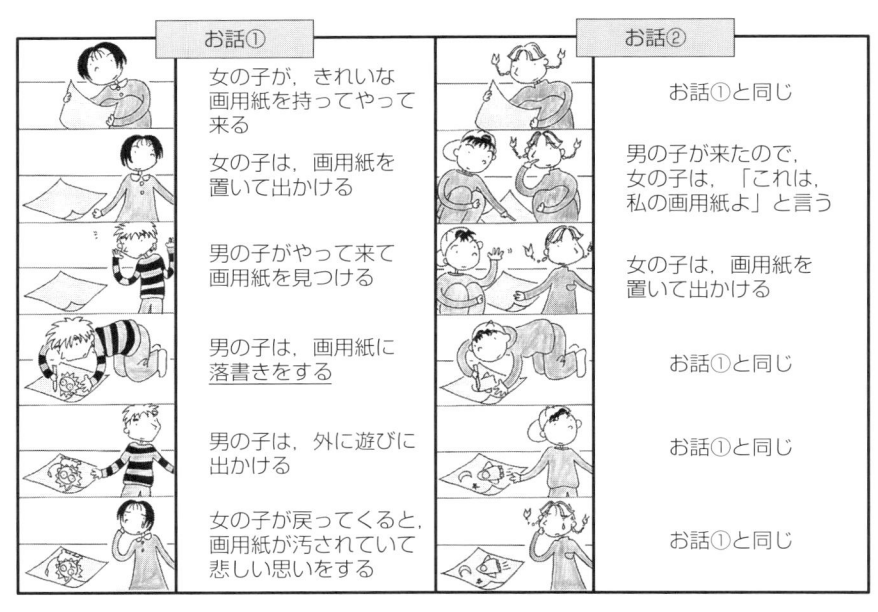

	お話①		お話②
	女の子が，きれいな画用紙を持ってやって来る		お話①と同じ
	女の子は，画用紙を置いて出かける		男の子が来たので，女の子は，「これは，私の画用紙よ」と言う
	男の子がやって来て画用紙を見つける		女の子は，画用紙を置いて出かける
	男の子は，画用紙に落書きをする		お話①と同じ
	男の子は，外に遊びに出かける		お話①と同じ
	女の子が戻ってくると，画用紙が汚されていて悲しい思いをする		お話①と同じ

図5-3　「知っている／知らない」の違いによる道徳判断課題の例（Hayashi, 2010）
　　　イラスト ©Kyoko Asai（図5-5も同じ）

が「作為」の場合は，画用紙に「落書きをする」場面としました。また，「不作為」の場合は，帽子が飛んでいっても「何もしない」場面としました。2つのお話の唯一の違いは，男の子が「結果を予見できる重要な事実」(作為：画用紙は女の子のものであること／不作為：帽子は女の子のものであること)を知っている(お話②)か，それとも知らない(お話①)かでした。

その後，心の状態質問と道徳判断質問を行いました。前者は「画用紙(帽子)が女の子のものであるのを知っている(または，知らない)男の子はどちらかな？」で，「お話①の男の子，お話②の男の子，わからない」の3択で答えてもらいました。後者は「どちらの男の子がより悪いことをしたかな？」で，「お話①の男の子，お話②の男の子，どちらも同じくらい悪い」の3択で答えてもらいました。この場合の正答は「大人の一般的な回答」を基準に，「『知っている』男の子のほうが悪い(お話②)」という判断と便宜的に定義しました。

その結果，作為と不作為という課題間での差はなく，いずれも心の状態質問の正答率は4～5歳前半ですでに80％程度もあり，主人公の知識状態を理解できていました。これは「心の理論」を4～5歳頃から獲得し始めるという一般的な知見にも合致します(4章参照)。ところが，道徳判断質問の正答率は6歳頃でも低く，大人と同程度になったのは児童期の9歳頃からでした(図5-

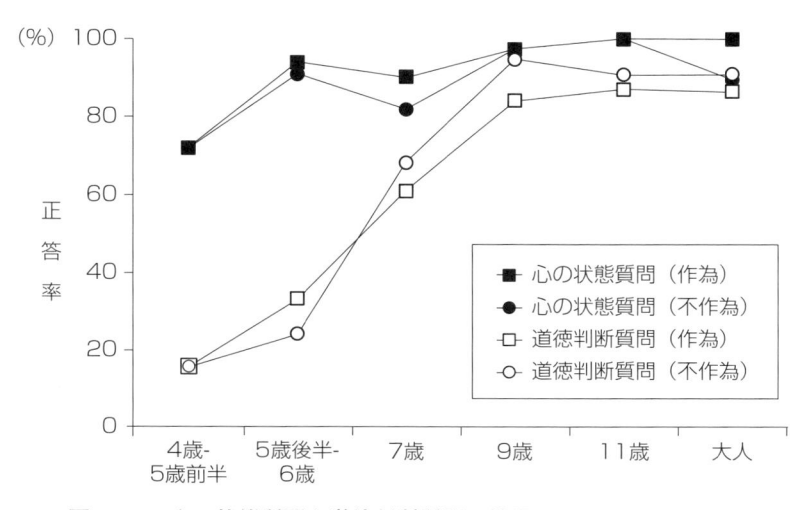

図5-4　心の状態質問と道徳判断質問の結果　(Hayashi, 2007, 2010)

4)。これは，4〜5歳頃から「意図」にもとづく道徳判断が可能であるという先行研究（e. g. Nelson, 1980; Yuill, 1984）とはかなり違う結果です。誤答者の多くは「どちらも同じくらい悪い」と答えていましたので，子どもたちの反応は，ピアジェが報告した結果論的判断に近い結果だったのです。

2) 作為と不作為の直接比較

前節の研究では，作為と不作為の差がありませんでしたが，これは作為状況と不作為状況が課題ごとに分けられて，間接的に比較した結果によるのかもしれません。一般に，作為と不作為を直接的に比較すると，それらの行為を生み出した「意図」や，それらの行為によって生じた「結果」が客観的には同等であったとしても，作為のほうが不作為よりも悪いと判断する「不作為バイアス（omission bias）」（e. g., Haidt & Baron, 1996; Spranca et al., 1991），あるいは「動作原理（action principle）」（Cushman et al., 2006）が生じることが，大人を対象とした研究から繰り返し報告されています。また，不作為バイアスには，

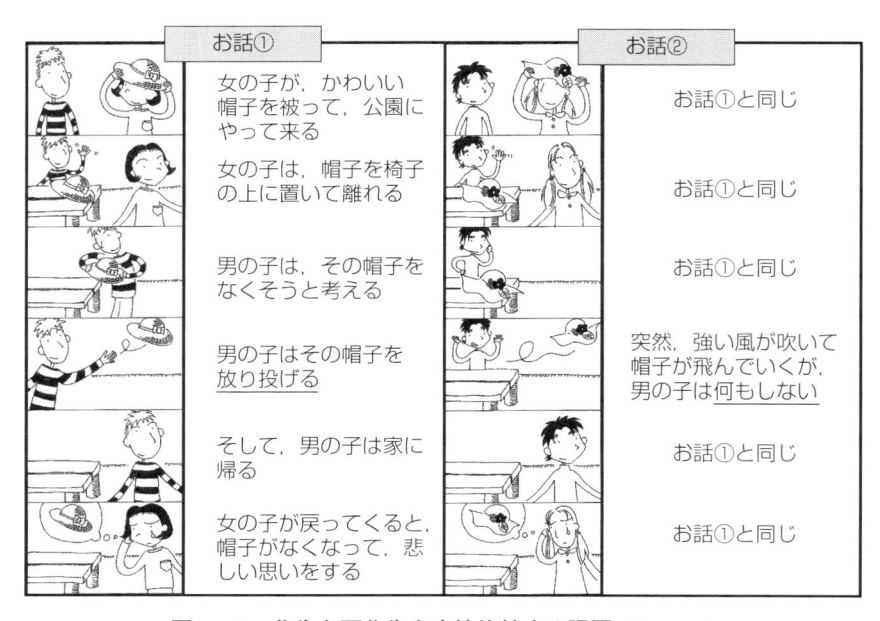

お話①	お話②
女の子が，かわいい帽子を被って，公園にやって来る	お話①と同じ
女の子は，帽子を椅子の上に置いて離れる	お話①と同じ
男の子は，その帽子をなくそうと考える	お話①と同じ
男の子はその帽子を<u>放り投げる</u>	突然，強い風が吹いて帽子が飛んでいくが，男の子は<u>何もしない</u>
そして，男の子は家に帰る	お話①と同じ
女の子が戻ってくると，帽子がなくなって，悲しい思いをする	お話①と同じ

図 5-5　作為と不作為を直接比較する課題（林，2012）

意図の強さが関連しているという示唆もあります（e.g. Kordes-de Vaal, 1996）。発達的には，アメリカの児童期の子どもを対象とした研究（Baron et al., 1993）から，子どもでも不作為バイアスが見られるという報告もありますが，まだ詳細がよくわかっていません。

そこで筆者は，7〜8歳（2年生）と11〜12歳（6年生）の児童，そして大人（大学生）を対象に，お話①とお話②を見開きの絵本形式で提示しました（林，2012）。前節の研究と同様に，2つのお話は「男の子の行為が，女の子を悲しませる結果を生み出す」という点で同じで，男の子の「意図」（例：帽子をなくそうと考える）も同一の文で明示しました。唯一の違いは，男の子の行為が「作為」（例：帽子を「放り投げる」：お話①）的か，それとも「不作為」（例：帽子が飛んでいっても「何もしない」：お話②）かでした（図5-5）。

その後，意図質問と道徳判断質問を行いました。前者は「どちらの男の子が帽子をなくそうとより強く考えていたかな？」で，「お話①の男の子，お話②の男の子，どちらも同じくらい強い」の3択でした。後者は「どちらの男の子がより悪いことをしたかな？」で，「お話①の男の子，お話②の男の子，どちらも同じくらい悪い，どちらも悪くない」の4択でした。

その結果，作為（お話①）のほうが悪いという判断はどの年齢でも高く，日本の子どもでも7歳頃にはすでに大人と同程度の不作為バイアスを示すことが明らかになりました。また，意図質問の正答は課題の設定上「どちらも同じくらい強い」はずなのに，判断質問と同様に，作為（お話①）のほうが強いと判断した割合が高くなりました。判断質問と意図質問の間に有意な正の相関も得られたことから，「道徳判断で選ぶ方向に意図が歪んで解釈されている」ことがわかりました。

3　今後の展望と教育へのヒント

1)　心の理論を使った道徳判断

本章では，道徳判断の発達を紹介してきましたが，まず特筆すべきことは，道徳性の芽生えは早期から見られるという点です。赤ちゃんの頃から単純な物体の動きの中に，正負の社会的意味を読みとります（Hamlin et al., 2007）。さらに，幼児期には「わざとかわざとでないか」という「意図」にもとづいて，

行為の善悪を判断できます（e.g. Nelson, 1980; Yuill, 1984）。その一方で，幼児は悪いことをした人の「知識状態（悪いことにつながる情報を知っている／知らない）」を理解しているにもかかわらず，それを道徳判断の手がかりとして使うわけではないようです。このことは，知識状態が予見可能性に直結することを考えると，7歳頃までは，道徳判断において「意図は考慮するが予見可能性には注意を払わない」という興味深いことを意味します。

このような知見から，単純に他者の心の状態がわかると一律に道徳判断が大人に近づくわけではなく，幼児期の子どもは，大人とは少し違った道徳判断の基準があることがわかります。つまり，「心の理論」を使った道徳判断は，少しずつ発達するのです。これは，幼稚園や保育園の先生方などがこれまで見逃しやすかった点かもしれません。したがって，教育実践現場での指導をより有益なものとするヒントを秘めていそうです。たとえば，幼児に対して「わざとやったんでしょう！」と注意すればその意味は伝わりますが，「誰のか知っていてやったんでしょう！」と注意しても，なぜ悪いのかがすぐには伝わらないかもしれません。私たちが子どもに注意する場面では，単純に大人の基準で叱ってはいけない場合もあるということになります。

とくに幼児期は「心の理論」がまさに発達していく時期（4章参照）ですから，ほかの子どもがどう感じるかを，まだあまり意識できない子どもがいても不思議ではありません。そこで，繰り返し指導を行う（他者の気持ちに気づかせる）ことが必要と考えられます。そして，この過程こそが，直観を超えて理性的な道徳判断を育成するうえで鍵の1つになると考えられます。

2） 避けがたい認知バイアス

本章では，作為と不作為の違いについても紹介してきましたが，直接比較しない場合は認識に差がありませんでした。これは驚くべきことと言えるのではないでしょうか。

作為は物理的な動きをともないます。それゆえ，たとえば殴るという行為は，明らかに知覚できるため，行為（殴る）と結果（ケガをする）の因果関係の把握が容易です。つまり，作為はそれ自体が手がかりとなって道徳判断を容易にすると考えられます。ところが，不作為は「目に見えない」行為です。知覚できないため，因果関係の把握が難しく，道徳判断の手がかりとして弱まるはず

です。別の見方をすれば，親や教師など大人から注意される機会も，知覚しやすい作為の場合が多いと考えられ，子どもは幼い頃から，不作為より作為の悪事を学習する機会がより多かったはずです。それにもかかわらず，作為と不作為の間に認識の発達差はなかったのです。このことから，「言動の有無」は，他者の行為の評価とは独立しており，行為と結果の因果関係の把握そのものには影響を与えないのでしょう。逆に言うと，2章で紹介されたように，人間の因果関係の認識は幼い頃から発達し，それだけ強固なものと言えそうです。

　その一方で，直接比較した場合には，7歳頃からすでに不作為バイアスが強く現れました。つまり，人間は作為のほうをより悪く感じてしまう，裏を返せば「不作為を寛容に解釈してしまう」のを避けがたいようです。また，意図の強さと道徳的判断が同じ方向に連動したことから，作為と不作為では「意図」の認識さえも歪んでしまい，作為のほうがより強い意図があると感じてしまう可能性が示唆されました。

　近年，認知心理学や行動経済学の研究が大きく進展し，人間は必ずしも論理的あるいは合理的思考をするわけではなく，さまざまな歪みを生む考え方をすることが次々と明らかになっています。こうした研究では，ある対象を評価する際に，自分の感情や願望に左右されたり，対象の目立つ部分に焦点が合い，ほかの特徴についての評価が歪められる現象を「認知バイアス（cognitive bias）」と呼びます。

　知覚レベルでは，「錯視（visual illusion）」という現象があります。たとえば，図5-6の図形の真ん中の●を左右で比較した場合，多くの人が左側の丸のほ

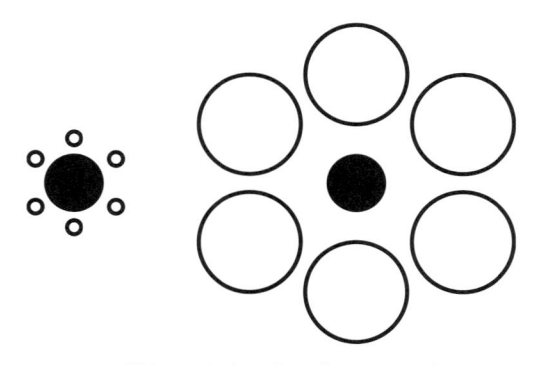

図5-6　錯視図形（エビングハウスの錯視図形）

うが大きいと感じるはずですが，実は同じ大きさです。それがわかっても，なお大きさに違いを感じてしまいます。認知バイアスも錯視と同様で，状況を知らされても，なかなか回避できないものなのです。

　もし不作為を寛容的に解釈してしまう傾向が認知バイアスであるとすると，私たちは注意する必要があります。というのも，一般的な国民が裁判にかかわる機会が，裁判員制度によって身近になりましたが，法律の専門的なトレーニングを受けていないと，不作為に対して「過剰に寛容的に判断してしまう」ことがあり得ることになるからです。プロの裁判官や検察官などは，このような認知バイアスを経験的に認識して，意識的あるいは無意識に補正できていると思われますが，裁判員にはそのような経験がないため，意図さえも歪んで解釈され，量刑判断が客観的でなくなる危険も考えられるのです。

　さらに，このようなバイアスを子どもだけでなく大人も強くもっているということは，「大人自身も子どもの道徳判断の偏りに注意が向きにくい」ということを意味します。前述の「知識状態にもとづく道徳判断」では，大人と子どもに違いがあるため，大人はこのような違いを意識しておけば指導に生かせます。ところが，不作為バイアスは大人も子どもと同様に強いということから，よほど注意をしておかないと気づきにくく，指導に生かせないことになるのです。どうやら不作為バイアスを考慮する際は，かなりの「理性」が必要になるといえそうです。

3）　生得性と教育の両方が大切

　本章では，道徳性がすでに乳児の頃からその芽生えがあり，生得的ともいえることを紹介してきましたが，心の理論をふまえ，理性的な発達を促す重要さも強調しました。最近，心の理論の発達が，道徳性と関連が深い「公正さ」を促す知見も報告されています（Takagishi et al., 2010）。幼児を対象に，10個のキャンディのうちいくつあげるか提案する側と受けとる側に分けた2人ペアの実験で，受けとる側の場合は，心の理論の成績に関係なく，相手の不公平な提案を拒否したそうです。ところが，自分があげる側の場合は，心の理論課題に正答した子どもは公平な配分を提案したのに対して，誤答の子どもは自分が多くなるような配分を提案したそうです。

　4章で紹介されたように，心の理論には生得的基盤があるようです。そして，

道徳性も生得的基盤があると考えられます。しかし，心の理論をうまく働かせて道徳判断をしていくことは一律でなく，教育の重要性が考えられます。「相手の気持ちになって考えよう」という指導は一見地味ですが，この点からも的を射ているといえそうです。

　道徳性の発達は，言葉の発達と似ているという指摘があります（e. g. Hauser, 2006）が，まさにそうなのかもしれません。近年では，言語能力は生得的なものと言われています（e. g. Pinker, 1994）。ふつうに言語を耳にしていると，自然に言葉が話せるようになります。しかも，耳にする言語の違いによって，日本語，英語，ドイツ語……とそれぞれのネイティブに対応していきます。しかし，幼少のある時期に言語にふれないと言葉を話すのは難しくなります。道徳性も同様に感じられます。道徳的な感受性を生得的にもって生まれてきますが，生後に受ける教育（あるいは環境，文化）によって，自然にその道徳的感受性が開花します。そして，受ける教育や環境の違いによって，文化的慣習の違いに対応していくとともに，理性的な道徳判断ができるようになっていくと考えられます。しかし，幼少のある時期に教育を受けないと一般的な道徳判断ができなくなったり，倫理感に欠けた人間に育ってしまうことでしょう。

　ただし，脳の障害により，道徳的感受性がもともと低い子どもがあり得るという点にも注意を払うべきです。こうした視点は，特別支援教育の重要性にもつながる場面があると考えられます（9章参照）。

　また，言葉が発達し，しだいに論理的な思考が大きく発達していく幼児期から児童期の子どもは，さまざまな目標に向けて注意や行動をコントロールできるようになっていく時期です。これを「実行機能」と呼び，とくに衝動性を抑える能力は「抑制制御」と呼ばれます（3，4章参照）。心の理論と実行機能（とくに抑制制御）の関連が強いことが，文化を問わず繰り返し報告されています（e. g. Carlson et al., 2002；小川・子安，2008）。

　理性的な道徳判断には，抑制制御の発達も不可欠と思われます。たとえば，AさんはBさんのことは好きだけれど，Cさんのことは嫌いだとしましょう。その際，BさんがCさんに悪事を働いたときに，自分がCさんのことを嫌いだからといって，Bさんの悪事を容認することは許されません。適切な道徳判断ができるようになるには，「Cさんは嫌いという思いを抑制する」必要があります。それゆえ，子どもの道徳判断の発達を考えていく際は，心の理論と合

わせて抑制制御の発達についても，注目していくとおもしろい発見がありそうです．

引用文献

Baron, J., Granato, L., Spranca, M., & Teubal, E. (1993). Decision-making biases in children and early adolescents: Exploratory studies. *Merrill-Palmer Quarterly*, 39, 22-46.

Carlson, S. M., Moses, L. J., & Breton, C. (2002). How specific is the relation between executive function and theory of mind? Contributions of inhibitory control and working memory. *Infant and Child Development*, 11, 73-92.

Cushman, F., Young, L., & Hauser, M. (2006). The role of conscious reasoning and intuition in moral judgment. *Psychological Science*, 17, 1082-1089.

船山泰範 (1999). 基本法学叢書 刑法. 弘文堂.

Haidt, J. (2001). The emotional dog and its rational tail: A social intuitionist approach to moral judgment. *Psychological Review*, 108, 814-834.

Haidt, J., & Baron, J. (1996). Social roles and the moral judgement of acts and omissions. *European Journal of Social Psychology*, 26, 201-218.

Hamlin, J. K., Wynn, K., & Bloom, P. (2007). Social evaluation by preverbal infants. *Nature*, 450, 557-559.

Hauser, M. D. (2006). *Moral minds: How nature designed our universal sense of right and wrong*. New York: Ecco/Harper Collins.

Hayashi, H. (2007). Children's moral judgments of commission and omission based on their understanding of second-order mental states. *Japanese Psychological Research*, 49, 261-274.

Hayashi, H. (2010). Young children's moral judgments of commission and omission related to the understanding of knowledge or ignorance. *Infant and Child Development*, 19, 187-203.

林 創 (2012). 児童期における不作為バイアスと意図の強さ. 日本発達心理学会第23回大会論文集, 306.

Kohlberg, L. (1969). Stage and sequence: the cognitive-developmental approach to socialization. In D. A. Goslin (Ed.), *Handbook of socialization theory and research*. Chicago: Rand McNally. pp. 347-480.

Kordes-de Vaal, J. H. (1996). Intention and omission bias: Omission perceived as nondecisions. *Acta Psychologica*, 93, 161-172.

Latané, B., & Darley, J. (1970). *The unresponsive bystander: Why doesn't he help?* New York:

Appleton-Century-Crofts.

正高信男 (1998). いじめを許す心理. 岩波書店.

Nelson, S. A. (1980). Factors influencing young children's use of motives and outcomes as moral criteria. *Child Development*, **51**, 823-829.

小川絢子・子安増生 (2008) 幼児における「心の理論」と実行機能の関連性:ワーキングメモリと葛藤抑制を中心に. 発達心理学研究, **19**, 171-182.

Pellizzoni, S., Siegal, M., & Surian, L. (2010). The contact principle and utilitarian moral judgments in young children. *Developmental Science*, **13**, 265-270.

Piaget, J. (1932). *The moral judgment of the child*. New York: Free Press.

Pinker, S. (1994). The language instinct. New York: William Morrow. 椋田直子 (訳) (1995). 言語を生みだす本能〈上〉〈下〉. NHKブックス.

Smetana, J. G. (1993). Understanding of social rules. In M. Bennett (Ed.), *The development of social cognition: The child as psychologist*. New York: Guilford Press. pp. 111-141. 首藤敏元 (訳) (1995). 社会的ルールの理解. 二宮克美・子安増生・渡辺弥生・首藤敏元 (訳) 子どもは心理学者――〈心の理論〉の発達心理学. 福村出版. pp.153-189.

Spranca, M., Minsk, E., & Baron, J. (1991). Omission and commission in judgment and choice. *Journal of Experimental Social Psychology*, **27**, 76-105.

Takagishi, H., Kameshima, S., Schug, J., Koizumi, M., & Yamagishi, T. (2010). Theory of mind enhances preference for fairness. *Journal of Experimental Child Psychology*, **105**, 130-137.

Yuill, N. (1984). Young children's coordination of motive and outcome in judgments of satisfaction and morality. *British Journal of Developmental Psychology*, **2**, 73-81.

Column

●この研究を始めたきっかけは？

卒業論文では大人を対象に実験計画を重視した認知心理学的な研究を行いました。その後，学部時代に幼稚園や小学校に行って調査をした時のおもしろさを思い出し，大学院から社会性の認知発達について研究を始めました。心（認知）の研究に発達という時間軸を入れると，ますますおもしろくなるように感じます。大人があたりまえと思っていることが，実は子どもにとってはあたりまえでなかったり，たくさんの発見があります。とりわけ社会性の発達は奥が深く，調べれば調べるほど関心が深まります。

●一番工夫した点は？

子どもの反応を見る際は，課題の微妙な言葉遣いや手続きのちょっとした違いが思わぬ影響を生みます。子どもの真の姿を取り出すために，客観性を保ちつつ，よりわかりやすくおもしろい課題や手続きを生み出していくことを工夫しています。子どもに身近な場面を考えたり，アニメーションを作ることで，子どもの課題への関心が深まるように，そして注意が途切れないようにしています。

●一番苦労した点は？

幼稚園や小学校で実験や調査をさせていただく許可を得るのがたいへんで，教育現場を対象とする独特の難しさがあります。許可が得られるかどうかは信頼関係だと思いますので，ふだんから教育現場の方々と交流を深め，実験を終えたら報告するなど，基本的な礼儀を大切にするよう意識しています。

●こんなところがおもしろい！

子どもたちの反応には予期せぬものがたくさんあり，そのおもしろさやかわいらしさにいつも感動します。教員になった今は，ゼミ生に実験者や調査者を任せることが多くなりましたが，今でも幼稚園や小学校などで子どもに実験や調査を直接する際は，どんな反応が返ってくるかとワクワクしてきます。予期せぬ反応や結果が，ときには次の新しい研究のヒントにもなります。ノーベル賞を受賞した研究でも，予期せぬ結果から生まれたものがあるようですが，研究の進展は，思いがけないことから生じるのかもしれませんね。

6章
子どもの認知する「その人らしさ」

清水由紀

リサーチクエスチョン 「いま・ここ」を超えた個性の理解はいつから？
幼い子どもほど，他者は「いい人」だと思っている？

　幼稚園・保育所や小学校に出かけていくと，子どものさまざまな個性に出会います。強いリーダーシップを発揮するガキ大将タイプの子，理不尽なことをされても言い返せずすぐに先生に泣きつく子，その泣いている子のそばに駆けつけて慰める思いやりのある子。そして，たとえばガキ大将の子どもには強く意見を言わないなど，どうやら子どもたちはほかの子の個性をふまえて自分の行動を調整しているようです。

　このような「その人らしさ」は，「いま・ここ」を超えて，安定・一貫した心的な側面です。ですから，誰かと安定した関係を築きたいと思ったときには，相手の「その人らしさ」を理解することが必要だと言えるでしょう。社会的相互作用を開始している幼児の中にもすでに，他者の「その人らしさ」の理解の萌芽が見てとれます。しかし，果たして子どもたちは，大人と同じように他者の個性を理解しているのでしょうか。年少の子どもに特有の他者のとらえ方というのがあるのでしょうか。

　この章では，他者の「その人らしさ」の理解，すなわちパーソナリティ特性の理解がどのように発達するのかについて，見ていきます。大人とは違う子どもの他者のとらえ方には，適応的な意味があると考えられています。子どもの目からは他者の個性はどのように見えているのか，一緒にのぞいてみましょう。

1　「個性」の推論

1)　「その人らしさ」の理解とは？

あなたの周りの人たちを一人ずつ思い浮かべてみてください。どんな人ですか？　このように問われると、きっとあなたは「○○さんはとても親切な人だ」「上司は口うるさい人だ」など、それぞれの人の個性を答えるでしょう。相手はどんな性格なのか、どんな行動をする傾向があるかなど、相手の「その人らしさ」を理解することは、社会生活を送るうえで重要です。なぜなら、友だちや同僚や近所の人など、長くつきあう相手と良好な関係を維持したいと思うときには、他者の安定した傾向の理解が必要だからです。

このような「親切」「口うるさい」「意地悪」「クリエイティブ」などの「その人らしさ」のことを、パーソナリティ特性と言います（以下「特性」とします）。特性の推論は、他者理解の本質（Heider, 1958）であると言われています。たとえば、私たちは他者の行動を見たときに、「その人がどんな性格かを考えてみてください」と言われなくても、無意識に、自動的に、一瞬でその人の特性を推論してしまうという性質があります（e.g., Uleman et al., 2008）。それほど、私たち人間にとって、他者の特性を理解することは自然であり、相互作用の中で中心的な位置を占めるのです。この章では、特性概念の発達が、幼児期から児童期にかけてどのように発達していくのかをみていきましょう。

2)　特性概念の「安定性」：「いま・ここ」を超えた傾向

発達心理学領域で、他者理解の研究といえば、「心の理論」研究が真っ先に思い浮かぶことでしょう（4章参照）。それでは、特性の理解は、心の理論の枠組みで検討されてきた「信念」や「欲求」の理解と、どう関連し、またどう異なるのでしょう。

次の例について考えてみましょう。あなたが今日、初めて会ったAさんと話しているときに、あなたのささいな一言でAさんが怒りだしてしまったとします。あなたは、Aさんが「私のことを失礼なヤツだと思ったに違いない」「私にそんなふうに言ってほしくなかったのだろう」など、Aさんの「いま・ここ」の「信念」や「欲求」を想像することができます。しかし同時に、「A

さんがこんなに怒りっぽい人だと知っていたら，不用意な一言を発しなかったのに……！」と悔しがるかもしれません。そして「今後Aさんと話すときには気をつけよう」と思うことでしょう。それは，Aさんの「怒る」という行動や心的状態が，「いま・ここ」の状況にかぎらず，過去にも，また一カ月後，一年後にも見られるかもしれないと思い，また，Aさんのこの特性を知っていれば，今後のAさんとのやりとりに備えることができるだろう，と思ったからにほかなりません。

　ここでの「怒りっぽい」のような特性には，時間や場面が変わっても，（ある程度）一貫し安定している，という特徴があります。特定の行動や信念・欲求などの心的状態は，「いま・ここ」で起きていることですが，それらの行動や心的状態の時間や場面を超えて一貫した傾向を生みだすのが，特性なのです。そのような一貫した傾向こそが，「その人らしさ」を形作るのです。ここでは

Key Words

▶パーソナリティ特性（personality trait）➡94ページ
　「パーソナリティ」は，ギリシアの仮面劇で用いられた「ペルソナ」，すなわち「仮面」に由来するといわれます。パーソナリティを構成する一つひとつの特性を，パーソナリティ特性と呼びます。

▶帰属（attribution）➡99ページ
　行動の観察にもとづいて，その行動を引き起こした個人的要因，状況的要因を推測することをいいます。帰属のスタイルには，文化差や個人差が見られることが報告されています。

▶対人認知（person perception）➡107ページ
　他者に関する情報を手がかりにして，パーソナリティ，能力，意図，態度など，人の特性や心理過程を推論することをいいます。社会心理学において，対人認知のプロセスが2段階あるいは3段階に分かれるという理論が提示されています。

この側面を，特性の「安定性」と呼ぶことにします。

3） 特性概念の「因果性」：信念や欲求の個人差を生み出す

ほかにも，心の理論の枠組みで調べられてきた「信念」や「欲求」と，特性が異なる点があります。興味深いエピソードをご紹介しましょう。遠藤（1997）が誤信念課題の1つのバージョンである「スマーティー課題」（4章参照）を子どもに対して行ったときのことです。子どもに，箱の中にはスマーティーではなく，実際には鉛筆が入っていることを示したあと，子どもに「まだ箱の中身を見ていないお友だちは，なかに何が入っていると思うでしょうか？スマーティー，それとも鉛筆？」と質問しました。すると，子どものうちの何名かは，箱を見る友だちが具体的に誰なのか，ということに強いこだわりを見せたそうです。つまり，その友だちがAちゃんなのか，B君なのかといったことが，どのような反応を見せるかを推測するうえで，きわめて重要な意味をもっていたというのです。そしてその理由を聞くと，「その子はいつも先生と一緒にいる子なので，本当のことをもうすでに教えてもらっているに違いない」などと答えたそうです。

このエピソードから，どのようなことが読みとれるでしょうか。誤信念課題で測られる理解と，特性の理解は，どう違うのでしょう。次のように考えられます。誤信念課題に登場する主人公は，「マクシ」などの名前がついていることもありますが，それは特定の誰かを表すわけではありません。つまり，子どもは「このような場面で，通常，人はどうふるまうか（どう思うか）？」を問われており，マクシは特定の誰かではなく「一般化された他者」なのです。し

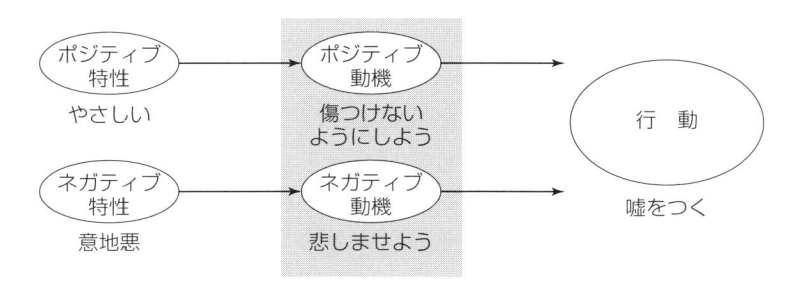

図6-1　特性の「因果性」：行動についての「なぜ？」の最終的な答え

かし，現実世界においては，人はそれぞれ個性をもっており，同じ場面でも，どんな信念や欲求をもつかは個性によって異なります。このような個々人の独自の行動や心的状態の傾向が，この章でみていく特性の理解なのです。

これを図式化すると，図6-1のようになります。特性は行動の直接の原因となる信念，欲求，動機などの心的状態の，さらに原因となるのです。たとえば，同じ「嘘をつく」という行動でも，特性によって，行動の直接的な心的原因である「動機」は異なる場合が多いと考えられます。このように深い因果性をもつ点が，特性が行動についての「なぜ？」の「最終的な答え」と言われている所以でしょう。ここでは，この側面を特性の「因果性」と呼ぶことにします。

4） 特性概念の萌芽

さて，特性は，信念や欲求などの個人差を生み出す原因となる，という側面について説明しました。それならば，特性概念は，誤信念課題にパスする4歳頃を過ぎないと，獲得されないのでしょうか。

実は，乳児を対象とした実証研究から，子どもが0歳代から，ポジティブな特性をもつ人とネガティブな特性をもつ人を区別している可能性があることがわかっています。たとえばハムリンら（Hamlin et al., 2007）は，生後6ヵ月と10ヵ月の子どもを対象に，次のような実験を行いました（5章でもこの研究は紹介されています）。子どもにまず，主人公のマルが坂を登ろうとしては失敗して滑り落ちてしまうアニメーションを見せました。そして，坂を登ろうとしているマルを，サンカクが下から押しているアニメーション（援助者，図6-2左）と，シカクが上から押しているアニメーション（妨害者，図6-2右）を一つずつ見せました。その後，子どもの前にサンカクとシカクを並べて，子どもがどちらに手を伸ばしてとろうとするかを調べました。その結果，6ヵ月

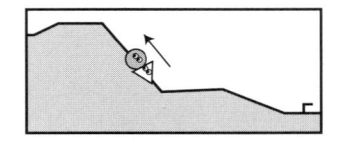

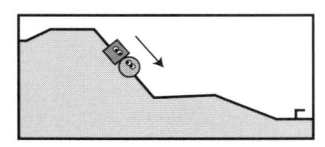

図6-2　援助者と妨害者のアニメーション（Hamlin et al., 2007）

児と10カ月児のどちらも,ほとんどの子どもがサンカクのほうに手を伸ばすことがわかりました。つまり,子どもたちはアニメーションで見た妨害者よりも援助者のほうを好んだのです。

この結果から,擬人化されたサンカクやシカクの社会的行動が,ポジティブ(援助)なのか,それともネガティブ(妨害)なのかを赤ちゃんが区別したことがうかがわれます。行動が「ポジティブかネガティブか」といった大まかな区別は,早くも生後半年から見られるのです(なお,ハムリンらはその後の研究で,もっと幼い3〜5カ月の子どもでも,このような能力が見られることを示唆しています〈Hamlin et al., 2010; Hamlin & Wynn, 2011〉)。

前述したように,他者の「その人らしさ」を認知することは,安定した対人関係を築くために必要です。特性概念の萌芽がこれほど早期から発達していることは,集団生活を営む社会的存在である人間にとって,特性による行動の素早いカテゴリー化がいかに重要かを物語っているといえるでしょう。

もちろん,ハムリンらが対象とした0歳代の子どもが,「親切な人だ」「意地悪な人だ」という明示的な理解をもっているわけではなく,まだ暗黙的な理解であるといえます。それでは,子どもはこのような暗黙的理解から出発して,どのように特性概念の「安定性」や「因果性」の側面の明示的な理解を獲得していくのでしょうか。次節では,筆者が幼児と児童を対象に行った実験について,ご紹介します。

2 子どもは他者の「個性」をどのように理解していくか

1) 特性の「安定性」の理解の発達

他者の行動を見たときに,子どもはいつからその行動を特性によってラベリングできるのでしょうか。これまでに,子どもは日常生活の中で,「親切な」「意地悪な」といった特性語を使用することがわかっています(Ridgeway et al., 1985)。筆者は,子どもがこれらの特性語をどのような行動に対してラベリングするのかを調べるために,3〜5歳の幼児を対象に実験を行いました。

最初に架空の人物の3つのよい行動あるいは悪い行動を,紙芝居によって見てもらいました。たとえば,「たろうくんは,道をよろよろと歩いているおじいさんにわざとぶつかりました」などの3つの行動を絵とともに提示しました。

そして，まずこの主人公は「どんな子だと思う？」と質問して自由回答をしてもらった後，よい人と悪い人のどちらだと思うかを尋ねました。その結果，子どもの回答は図6-3のようになりました。4歳や5歳の子どもは，よい行動をした人は「よい人」で，悪い行動をした人は「悪い人」だとはっきり判断しました。一方，3歳児は，よい行動を行った人は「よい人」だと回答しましたが，悪い行動を行った人物を「よい人」と言ったり「どちらでもない」と言ったりする子どもが多くいたのです。なお，日本の子どもにかぎらず，欧米の子どもでも，他者を「よい人」と判断しやすいという傾向は確認されています（Rholes & Ruble, 1984）。このような「ポジティビティ・バイアス」は，3歳ころには普遍的に見られるようです。そして，この研究では3つの行動を見せましたが，見せる行動が1つだけだと，3～4歳児はもっとネガティブな特性をその人物に帰属したがらないことがわかっています（Boseovski & Lee, 2006）。

しかし，たった一つの「行動」と「特性」の対応づけを調べるだけでは，時間や場面を超えた特性の「安定性」の理解を調べることはできません。そこで，4歳から小学2年生の子どもに対して，前述のように他者の行動から特性を推論してもらった後，未来にほかの場面で，その人物がどのような行動を行うかを質問しました。たとえば，1つしかないブランコを友だちに譲るか，それと

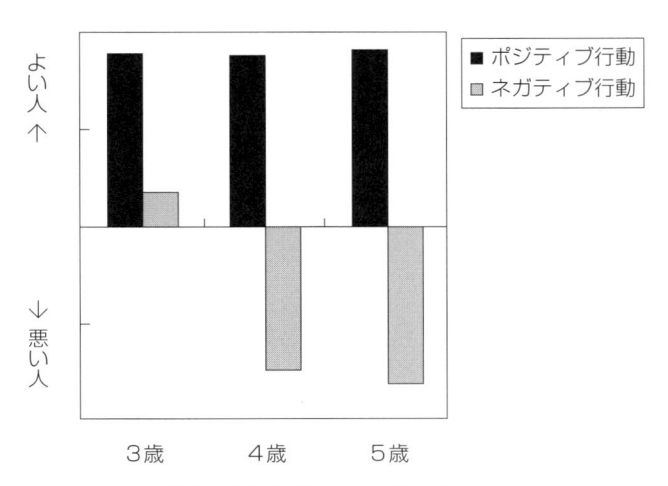

図6-3　行動に特性をラベリングできるか（清水，2005）

図6-4 特性にもとづいてほかの場面の行動を予測できるか（清水，2005）

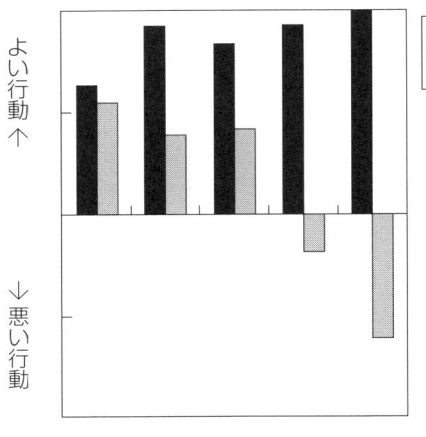

も自分が割り込んで乗ってしまうかを尋ねました。その結果，図6-4のように，4歳から「よい人」のほうが「悪い人」よりも，将来よい行動を行うだろうと予測することがわかりました。ただし，4～5歳の子どもでさえ，「悪い人」も未来に「よい行動」をするだろうと予測する子どももいまだ多くいました。すなわち，未来の行動予測においては，4～5歳児にもポジティビティ・バイアスが見られるのです。

2）幼児はどうして他者を「よい人」と思いやすいか？

実は，年少の子どもが他者を「悪い人」と判断したがらないという特徴は，大人とはかなり異なっています。大人は，特性推論において，他者の「悪い行動」のほうに重きを置きやすいことがわかっています。どれくらいポジティブか，ネガティブかといった極端さが同じくらいであったとしても，大人は望ましくない情報により注目し，そちらに重みをかけた特性判断をしやすいのです。それは，ポジティブな行動は単に「こうしなければならないから」といった社会的規範にしたがっているにすぎず，本人の特性から生じた行動ではない可能性があるからです。たとえば，電車の中で年配の人に席を譲ったとしても，親

切だからというわけではなく、一般的にそれが望ましい行動とされているからだ、と考えられがちです。それに対し、ネガティブな行動は、社会的規範に従わず非難を受けやすいのに、それでもあえてその行動を行ったのだから、その人の特性から生じていると見なされやすいのです。たとえば、電車の中で年配の人にぶつかって倒しても謝りもしないのは、よっぽど無礼な人だからだ、と見なされるというわけです。

このように考えると、年少の子どもが悪い行動を行った人に対してさえ「よい人」と思いやすいのは、子どもの社会的規範についての知識がまだ十分ではないから、というのが一つの理由でしょう。年少の子どもは、大人にとっては「悪い」行動を見せられても、それが社会的規範からはずれた行動だという知識がまだなかったのかもしれません。

またほかの理由としては、幼児が「今は悪い特性も、将来はよくなるだろう」という考えをもっていることがあげられます。たとえばロックハートや中島らは、5歳、6歳、小学3年生、大学生に対し、幼い頃に意地悪な子が、大人になったらどうなるかを尋ねました。その結果、大人になったら自然に意地悪な子もやさしい人になる、と回答する割合が、5歳児は年長の子どもや大学生よりも多いことがわかりました（Lockhart et al., 2008; 中島・稲垣, 2007）。中島らは、この特徴を「素朴楽天主義」と呼んでいますが、このような傾向もまた、日本とアメリカの子どもに共通に見られるとしています。

いずれにせよ、年少の子どものこの「性善説」ともいうべき楽天的な人間観が、普遍的に見られるのには、おそらく適応的な意味があるのだと考えられています。社会性の発達にとって重要な幼児期に、他者に対するポジティブな見方をもつことは、多くの人々とかかわることにつながるからです。特性概念が十分に発達する前に、一度他者についてのポジティブな見方をもつようになっていることは、社会的存在である人間にとって必然なのかもしれません。

3) 特性の「因果性」の理解の発達

ここまで、特性の安定性の側面の理解を見てきました。しかし、「安定性」の理解だけでは、一貫した行動を要約するラベルという、表面的な特性の理解にとどまってしまいます。特性は、単なるラベルではなく、行動を説明する概念としてもっと力動的で深い因果性をもつのです。特性が、行動の直接原因の

信念や欲求や動機の，さらに原因となるという側面，すなわち「因果性」の理解を調べるためには，どのような方法を用いればよいでしょうか。

たとえば，こんなストーリーを思い浮かべてみてください（図6-5参照）。守くんは，恵子ちゃんがシャボン玉をしているところを見て，恵子ちゃんの作ったシャボン玉を割ろうと思いました。なぜなら，きっと恵子ちゃんが「勝手に割っちゃった」と悲しむと思ったからです。守くんがシャボン玉を割ると，恵子ちゃんは「上手に割れたね！」と喜びました。さて，守くんは，どんな子でしょうか。優しい子でしょうか，それとも意地悪な子でしょうか。

私たち大人なら，「恵子ちゃんを悲しませようと思ったのだから，守くんは意地悪な子に違いない」と考えるでしょう。では，子どもたちは，どのように判断するのでしょうか。特性の理解が表面的なものならば，出来事全体の印象や，行動の結果という目に見える情報を手がかりとして特性を判断するでしょう。しかし，行動の原因となる動機と特性が関連するという因果性を理解していれば，目に見える情報に引きずられず，動機を手がかりとして特性を判断するでしょう。

筆者は，このような物語を3歳から小学2年生までの子どもに示して，特性の「因果性」の理解の発達を調べました（清水，2000，2005）。その結果，4歳以下では「結果」と一致した特性を回答することが多く，5歳と1年生では「動機」と「結果」が同じくらいで，2年生になると「動機」と一致した特性を回答することが多いことがわかりました。すなわち，幼児期では年少の子どもほど，行動の「結果」に注目して特性を判断するという「結果主義」だったのです。これは，幼児の特性理解はいまだ表面的なものであり，特性の「因果性」の理解は2年生以上にならないと発達しないことを示唆しています。

以上より，子どもは次のような発達過程を経て，特性概念を理解していくこ

図6-5　実験において用いた絵（清水，2000）

とがわかりました。まず，生後6カ月頃までに，ポジティブな行為者とネガティブな行為者を大まかに区別できるようになり，3歳頃までに行動と特性を対応づけられるようになります。その後，5歳頃までに特性が時間や場面を超えて一貫したものであるという「安定性」の側面を理解するようになります。この理解は，習慣的な行動を特性語でカテゴリー化するような，まだ表面的なものです。そして，2年生以降になり「因果性」の側面を理解するようになり，特性を動機などの心的状態と関連づけて判断するようになります。つまり，より内的で因果的な概念として特性をとらえるようになるのです。

4) 幼児の特性理解はなぜ表面的なのか

実は，実験を行う前は，幼児のみを対象とする予定でした。なぜなら，心の理論研究の知見から，4～5歳頃までには多くの子どもが誤信念課題を通過することがわかっていたからです。特性推論も，同じく他者の内面についての推論ですので，就学前には多くの子どもが特性の「安定性」と「因果性」のどちらも理解するようになるだろう，と予測したのです。しかし，実験を進めるうちに，その予測は外れていることに気づきました。心の理論の獲得後であると考えられる5～6歳の子どもであっても，どうやら特性についての理解がまだ表面的なものにとどまっているようなのです。そのため，小学1～2年生も含めるように計画を変更し，その結果ようやく特性概念の発達の全体像が見えてきたのでした。

さて，ここで疑問となるのは，子どもは乳児のころから，人の行動についての因果性を理解しており（2章参照），さらに4～5歳頃までには誤信念課題を通過するのに（4章参照），なぜ特性の「因果性」の理解は，これほどまでに遅れるのか，ということです。その理由として，2つの可能性を考えました。第一に，本当は特性と動機の関連を理解していても，「相手が泣いてしまった」など視覚的に目立ちやすい「結果」に引きずられてしまったという可能性です。年少の子どもは情報処理容量が十分に発達しておらず，見かけなどの表面的な情報を特性よりも重視しやすいことは，ほかの研究においても示されています（e. g., Gonzalez et al., 2010）。実行機能は4～5歳頃までに獲得されるといわれていますが（3章参照），相手の情動によって表される「結果」の情報が「動機」の情報に比べてあまりにも顕著だったため，子どもたちは「結果」と一致

した回答をすることを抑制できなかったのかもしれません。

　この可能性を検討するためには,「動機」の目立ちやすさを操作してみればよいのではないか,と考えました。そこで,物語の提示順序を,従来の「動機→行動→結果」の順ではなく,「行動→結果→動機」としてみました。動機を最後に提示することにより目立たせ,記憶に残りやすくしたのです。たとえば,「守くんは,恵子ちゃんのシャボン玉を割りました。すると,恵子ちゃんは,『上手に割れたね』と喜びました。どうして守くんがシャボン玉を割ったのかというと,恵子ちゃんのことを『勝手に割っちゃった』と悲しませようと思ったからです」というように提示したのです。すると,予想どおり,5歳児でも,「動機」を「結果」よりも特性推論の手がかりとしやすくなることがわかりました。

　第二の可能性として,特性の「因果性」の側面は,より深い因果性の理解を必要とするので,単に誤信念課題に通過できるようになるだけでは不十分なのではないか,と考えました。この点について,「心の理論」の代表的な研究者であるウェルマン(Wellman, 1990)の理論がヒントを与えてくれます。彼は,心の理論の発達には3つの段階があり,子どもは異なる発達段階では異なる理論をもっていると述べています。そして,特性概念は一番発達した理論である「最終の精緻化されたスキーマ(final elaborated scheme)」の中で登場するとしています。特性という概念をひとたびもてば,個々の行為をまとまりのない別個の要素ではなく,全体的な一貫した像の一部と見ることができるようになるといいます。彼は,そのような洗練されたスキーマを図6-6のように図式化しました。つまり,特性は信念や欲求などの心的状態を生み出す包括的な構成概念であり,特性によって体制化された心についての枠組みが,行為に対するより因果的な説明を可能にしているというのです。

　この「心の理論の発展形」(Miller & Aloise, 1989)ともいうべき枠組みの中に登場する特性こそが,特性の「因果性」の側面を示していると考えられます。すなわち,誤信念課題に通過するのは,子どもが他者の心を「発見する」時点ですが,特性の「因果性」の理解には,さらに精緻化された心の理解についての枠組みの発達が必要なのではないか,と考えたのです。

　そこで,この可能性を探るため,筆者は心的概念同士の精緻化された理解が発達している子どもとそうでない子どもで,特性概念の発達が異なるかどうか

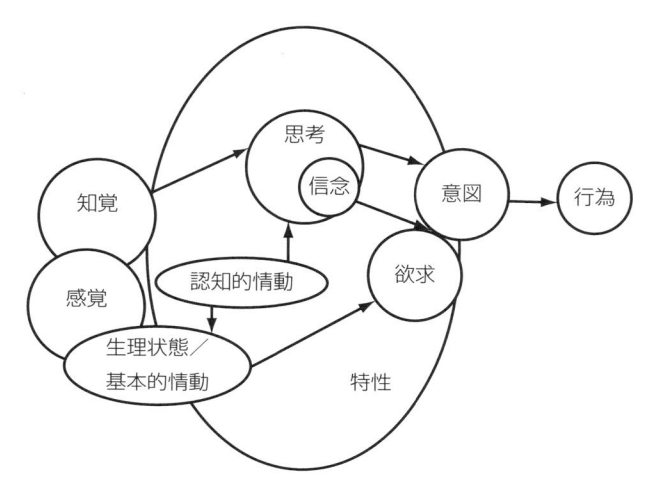

図 6-6 心の理論の「最終の精緻化されたスキーマ」
(final elaborated scheme; Wellman, 1990, p. 115 を改変)

を比べてみました（清水，2005）。具体的には，「動機」と「情動」の2つの心的概念の因果的関連性を理解している子どものほうが，特性のとくに「因果性」の理解が発達しているかどうかを検討しました。たとえば「悲しませようと思ってホースで水をかけたら，相手の子どもが『暑かったから水が冷たくて気持ちいい』と喜んだ」という内容の物語を見せ，水をかけた行為者は相手が喜んだという結果についてどう思うかを，子どもに質問しました。このとき，たとえ行為の結果がポジティブでも，行為者は目標を達成できなかったのだから，悲しい・悔しいなどのネガティブな情動を喚起するだろう，と推論できるかどうかを調べたわけです。その結果，このような動機と情動という2つの心的概念の因果的関係を理解している子どもは，そうでない子どもよりもずっと，特性の「因果性」の理解をよく示すことがわかりました。

　子どもが他者の心を「発見する」4～5歳頃までに，並行して，まだ表面的ではありますが，習慣的な行動をラベリングする概念としての特性の理解を早期から獲得しています。やがて，心の理論の枠組みが洗練されていくと，そこにすでに発達していた特性概念が出会い，特性によって心的概念が体制化され，他者の心についてのより因果的で包括的な枠組みをもつようになると考えられます。その結果，より一貫した，また精緻化された他者理解が可能になってい

くのでしょう。

3　今後の展望と教育へのヒント

1）特性理解に応じた社会的発達の促し

　年少の幼児は，他者は基本的にみんな「よい人」だと思いやすいこと，またそれには適応的意味があると考えられることを述べました。親や保育者などの大人は，この時期ならではの性質を大事にしながら，社会的発達に寄りそう必要があるでしょう。子どもは心的状態についてのメタ認知（認知の認知。思考や感情などの内的状態を，客観的に把握すること）が十分に発達していません。そこで，他者をいい人だと思うその根拠を，他者への思いやりの動機などの内的な原因と結びつけ，そのプロセスを大人がていねいに言語化してあげることが大切であると思います。

　一方で，楽天的で表面的な他者への見方は，時に幼児の危険性を増す可能性をはらんでいます。たとえば清水（2010a）は，見知らぬ人に「一緒に車に乗って駅までの道を教えてほしい」と頼まれたとき，どうするかを幼児（5・6歳）や児童（1・2年生）に尋ねました。すると，幼児はとくに見知らぬ人を「よい人」と判断しやすく，また幼児・児童のいずれも，見知らぬ人のことを「よい人」と推論した子どものほうが，見知らぬ人からの誘いについて行きやすいことがわかりました。さらに，なぜ「よい人」と思ったのかの理由を尋ねてみると，児童よりも幼児のほうが，「女の人だから」「やさしい顔をしているから」など，性別や外見を理由として回答しやすかったのです。このように，年少の子どもほど，表面的な情報に引きずられて他者の特性を判断し，そのために状況から判断されるべき危険性を認知できないことがあります。したがって，子どもに対する防犯・安全教育は，他者についての認知能力の発達過程を十分考慮したうえで，なされるべきであるといえるでしょう。

2）融合領域の研究を！

　この章で述べてきました特性推論は，実は社会心理学分野では，他者を理解する過程の本質であると見なされ，古くから盛んに研究されているのです。しかし，同じく特性推論を扱っているにもかかわらず，発達心理学と社会心理学

の両分野は別個に研究を積みあげてきました。発達心理学において，社会心理学の理論や方法を取り入れた特性推論研究は，まだわずかしかありません（e. g., Newman, 1991；清水，2010b；Shimizu, 2012）。一方で，社会心理学領域からも，発達心理学的アプローチとの融合の必要性が指摘されてきているにもかかわらず（Pomerantz & Newman, 2000），まだその試みは不十分であるといえるでしょう。

融合的な研究がもっとも必要とされる領域の一つとして，対人認知における文化差の検討があげられます。たとえば，欧米の人々は社会的行動の原因として特性などの個人的側面を強調しやすく，東アジアの人々は状況の側面を強調しやすいことが示されています（e. g., Nisbett et al., 2001）。しかし，文化による違いがどのように形成されていくのかというメカニズムを検討するためには，発達心理学的アプローチによる研究が不可欠であるといえるでしょう。今後は，特性推論をめぐって，発達心理学，社会心理学，文化心理学などの各領域を融合した研究が，展開されていく必要があります。融合的研究は，人の特性推論のプロセスが「なぜそのようになっているのか」という本質的な問いについての深い探求を可能にすることでしょう。

引用文献

Boseovski, J. J., & Lee, K. (2006). Children's use of frequency information for trait categorization and behavioral prediction. *Developmental Psychology,* **42**, 500-513.

遠藤利彦（1997）．乳幼児期における自己と他者，そして心――関係性，自他の理解，および心の理論の関連性を探る．心理学評論，**40**, 57-77.

Gonzalez, C. M., Zosuls, K. M., & Ruble, D. N. (2010). Traits as dimensions or categories? Developmental change in the understanding of trait terms. *Developmental Psychology,* **46**, 1078-1088.

Hamlin, J. K., & Wynn, K. (2011). Young infants prefer prosocial to antisocial others. *Cognitive Development,* **26**, 30-39.

Hamlin, J. K., Wynn, K., & Bloom, P. (2007). Social evaluation by preverbal infants. *Nature,* **450**, 557-560.

Hamlin, J. K., Wynn, K., & Bloom, P. (2010). Three-month-olds show a negativity bias in their social evaluations. *Developmental Science,* **13**, 923-929.

Heider, F. (1958). *The psychology of interpersonal relations*. New York: Wiley.

Lockhart, K. L., Nakashima, N., Inagaki, K., & Keil, F. C. (2008). From ugly duckling to swan?: Japanese and American beliefs about the stability and origins of traits. *Cognitive Development, 23*, 155-179.

Miller, P. H., & Aloise, P. A. (1989). Young children's understanding of the psychological causes of behavior: A review. *Child Development, 60*, 257-285.

Newman, L. S. (1991). Why are traits inferred spontaneously? A developmental approach. *Social Cognition, 9*, 221-253.

Nisbett, R. E., Peng, K., Choi, I., & Norenzayan, A. (2001). Culture and systems of thought: Holistic versus analytic cognition. *Psychological Review, 108*, 291-310.

中島伸子・稲垣佳世子（2007）．子どもの楽天主義：望ましくない特性の変容可能性についての信念の発達．新潟大学教育人間科学部紀要 人文・社会科学編, **9**（2），229-240．

Pomerantz, E. M., & Newman, L. S. (2000). Looking in on the children: Using developmental psychology as a tool for hypothesis testing and model building in social psychology. *Personality and Social Psychology Review, 4*, 300-316.

Rholes, W. S., & Ruble, D. N. (1984). Children's understanding of dispositional characteristics of others. *Child Development, 55*, 550-560.

Ridgeway, D., Waters, E., & Kuczaj, S. A. (1985). Acquisition of emotion-descriptive language: Receptive and productive vocabulary norms for ages 18 months to 6 years. *Developmental Psychology, 21*, 901-908.

清水由紀（2000）．幼児における特性推論の発達――特性・動機・行動の因果関係の理解．教育心理学研究, **48**, 255-266．

清水由紀（2005）．パーソナリティ特性推論の発達過程――幼児期・児童期を中心とした他者理解の発達モデル．風間書房．

清水由紀（2010a）．幼児・児童は危険回避行動と向社会的行動のいずれを優先させるか：安全教育のデザインのための基礎的研究．発達心理学研究, **21**, 322-331．

清水由紀（2010b）．小中学生と大学生における自発的特性推論．心理学研究, **81**, 462-470．

Shimizu, Y. (2012). Spontaneous trait inferences among Japanese children and adults: A developmental approach. *Asian Journal of Social Psychology, 15*, 112-121.

Uleman, J. S., Saribay, S. A., & Gonzalez, C. M. (2008). Spontaneous inferences, implicit impressions, and implicit theories. *Annual Review of Psychology, 59*, 329-360.

Wellman, H. M. (1990). *The child's theory of mind*. Cambridge, MA: MIT Press.

Column

●この研究を始めたきっかけは？

　発達心理学分野に足をふみ入れた頃，幼稚園でクラスを観察する機会がありました。そこで，リーダー格の男児がクラスの中では威張っているのにほかのクラスのさらに強い男児の前だととたんに弱気になったり，幼稚園の年長組ですでに女児同士のいじめなど複雑な対人関係が展開されているのを目のあたりにして，驚きました。これらの相互作用の根底には，一体他者についてのどんな見方があるのだろう？と。しかし，心の理論研究で調べられている，信念や欲求や情動の理解の発達だけでは，私の中でうまく観察したことへの説明がつきませんでした。さらに調べていくうちに，特性推論の発達に関する論文に到達し，これだ！と思ったのです。

●一番工夫した点は？

　一人の子どもに対する面接が，時には30分に及ぶこともあり，子どもの集中力がとぎれないように工夫しました。途中で雑談ができるように，いろんな話題を蓄えておいたり，パペットなどの小道具を用意したりしました。また，実験を成功させるにはご協力いただく園の先生方との良好な関係づくりが不可欠です。そのため，なぜこの研究が必要なのか，成果がどのように子どもたちの明日の幸せにつながるのかについて，事前になるべく詳細に説明しました。

●一番苦労した点は？

　とくに年少の子どもに，登場人物について「どんな人？」と尋ねると，「同じクラスの○○ちゃん！」というような答えが返ってくることがありました。どうしてそう思ったの？と尋ねると，絵をさして「髪型がおんなじ」「ピンクのお洋服だから」など，外見への言及がほとんどです。なるべくニュートラルな刺激にしても，子どもは目につきやすい表面的情報にどうしてもこだわりやすいのです。

●こんなところがおもしろい！

　特性推論は社会心理学や文化心理学などの他の分野にまたがったテーマです。したがって，関連分野の研究者との交流は欠かせません。さまざまな理論や方法論などを含め，多角的に一つの現象を眺められるというのが，この研究の醍醐味だと思っています。

Ⅲ部
他者とのやりとりを通してはぐくまれるもの

7章 子どもの遊びと仲間との相互作用のきっかけ

松井愛奈

リサーチクエスチョン Q 子ども同士のかかわりはどのようにして生まれる？遊び場面によって仲間への働きかけ方は違う？

　幼稚園や保育所をのぞいてみると，子どもたちは仲間と一緒にさまざまな遊びをしています。砂場で砂山作り，ままごとコーナーで家族ごっこ，積み木やブロック……。それでは，それらの遊びをしている子どもたちは，いつどのようにして集まったのでしょうか？「いっしょにあそぼう」と言って誘ったり，すでに遊びが始まっているところへ「いれて」と言って仲間入りしたりしたのでしょうか？　子どもたちの様子を見ると，そのように直接的に明確に相手とのかかわりを求めるような「明示的」な働きかけよりも，同じような戦いのポーズをしながら自然とすいこまれるように戦いごっこへ参加していくなど「暗黙的」なものが数多くあります。そこで，子ども同士のかかわりが新たに生まれる働きかけが行われることを「相互作用のきっかけ」ととらえて，さまざまな視点から検討しました。ここでは仲間に働きかける方略や，遊び場面との関連を紹介します。

　人は，人とのかかわりなしに生きていくことはできません。子ども同士の遊びは，人とかかわる力を培う基盤となり，発達において重要な鍵を握っています。子ども同士のかかわりが生まれる様子＝相互作用のきっかけを把握することは，子ども同士をつなげ，仲間関係を育むうえでのひとつの視点になるでしょう。

1　仲間との遊びや相互作用開始の様相

1）遊び集団への仲間入り

　幼児期の子どもは，どのようにして仲間との相互作用を開始するのでしょうか？　これについては，仲間との遊び開始の分析として，遊び集団への仲間入り行動に焦点をあてた研究が数多くあります。仲間入り方略の種類（Corsaro, 1979; Holmberg, 1980 など）や成功率（人気のある子どもより人気のない子どものほうが仲間入りにより多くの試みと時間が必要で，人気のある子どもはより受け入れられ無視されにくい〈Putallaz & Gottman, 1981a, 1981b〉，すでに遊んでいる子どものまわりでうろうろしたり観察したりすることによって，そ

Key Words

▶仲間入り（peer group entry）　➡114ページ
　ある遊びが行われている遊び集団に参加すること，また参加しようと試みること。仲間入りは，多種多様なものが見出される「相互作用のきっかけ」のひとつです。

▶相互作用のきっかけ（initiation of peer interaction）　➡116ページ
　ある子どもが，1人以上の子どもと新たにかかわりをもとうとし，言語的／非言語的を問わず，仲間に向けられた働きかけが行われること。この定義により，遊び集団の有無にかかわらず，子どもが自由に活動している場面全体を対象として，明示的／暗黙的双方の側面から詳細に，子ども同士の相互作用が開始される様子をとらえることができます。

▶仲間関係（peer relationships）　➡125ページ
　子ども同士が相互作用する関係のこと。4歳頃になると仲間意識が強くなり，仲のよい関係が見られるようになりますが，それまではその場その日かぎりのかかわりも多く見られます。そのため，一般的な「友だち関係」よりも広く関係をとらえています。

の場で起こっている状況を把握することから始めると仲間入りしやすい〈Puttallaz & Wasserman, 1989〉，友だち同士のほうが仲間入りしやすい〈Sawyer, 1997; Shibasaka, 1988〉）などが検討されています。また，仲間入りが遊び集団への参加だけで終わっているのではなく，仲間入り側を遊び集団に統合するための相互作用が展開され，遊び集団側と仲間入り側のそれぞれの立場で情報の伝達にかかわっている（倉持，1994）ことが見出されています。

2） 遊び集団の枠をこえた子どもの行動

　このように仲間入り研究は数多くありますが，子どもが仲間と一緒に遊び始めるきっかけというのは遊び集団への仲間入りにかぎりません。進行中の自分の遊びへ誘ったり，仲間を誘って新たな遊びを開始したりすることもあります。さらに，子どもはある遊びを始めると，そればかりに没頭しているわけではありません。周囲の子どもの動きや環境から影響を受けやすく，何か目をひくようなことやおもしろそうなことが起これば，子どもはすぐに行動を変えてしまい（Corsaro, 1985; 氏家，1996），今やっている遊びとはまったく関係のないことを行うこともあります。その際，一緒に遊んでいる子どもとは別の子どもと一時的であれ相互作用が生じたり，そこから新たな遊びが始まったりすることもあります。つまり，まだ遊び集団ができあがっていない，あるいは遊び集団から一歩出たところで，遊び集団という枠をこえた仲間との相互作用が数多くあるのです。それらをとらえるには，従来の研究のように遊び集団にしばられず，もっと幅広く子どもの行動をとらえる視点が必要になります。

3） 暗黙的な働きかけ

　子どもが仲間と相互作用を開始するときの働きかけは，直接的，明示的に仲間と一緒に遊ぶことを求めるものばかりではありません。間接的な言い回しを用いる（例：「ブランコしよう」ではなく「ブランコあいてるよ」），進行中の自分の活動を仲間に示す（例：作っている土だんごを見せる），呼びかけや身体接触など，自分に注意をひきつけることによって仲間との相互作用が生じることもあります。仲間の遊びへ参加する際にも，進行中の遊びに関連した暗黙的な働きかけ（例：その場で必要な大型ブロックを運んでくる）や，仲間の行動の模倣（例：同じような戦いのポーズをすることで戦いごっこに参加）によ

って入り込むこともあります。こういった暗黙的な働きかけについては，ごっこ遊びへの仲間入りにおいて，進行中のごっこ遊びのテーマ（例：家族ごっこ）と自分の役（例：おかあさん）にそった発話をするか否かという「枠組み」という概念を用いた分析（Sawyer, 1997）があります。ただし，この「枠組み」は子どもが演じる「役」と密接に関連しているため，この研究をそのままごっこ遊び場面以外で適用することは難しいといえます。

このように，遊び集団とは関係のないところで起こる仲間との相互作用や，暗黙的な働きかけが数多くありますが，それらは従来の研究の枠組みではとらえることができません。そこで，新たに仲間との相互作用を生み得る働きかけが行われることを「仲間との相互作用のきっかけ」と定義し，ごっこ遊びなどある特定の場面に限定することなく，子どもが自由に活動している状態すべてを考慮に入れたうえで，明示的・暗黙的双方の側面から検討することにしました。それにより，遊び集団の有無にかかわらず，園生活の全体にわたって仲間との相互作用が開始され，成立していく様子を詳細にとらえることができます。

2　相互作用のきっかけと年齢差，遊び場面との関連

1)　研究の方法

幼稚園の3歳児クラス8名の子どもたちを，その後3年間，卒園するまで縦断的に追跡しました（4歳児クラス進級時14名，5歳児クラス進級時17名）。この幼稚園は，クラスの枠にとらわれない遊びを中心とした保育を実施しており，3，4，5歳児が各1クラスで，全園児数は約45名でした。

観察頻度は週1～2回，月4～6回程度で，危険な場合や何らかの援助が必要不可欠な場合，子どものほうから働きかけてくる場合をのぞいて，こちらからは積極的にかかわらない観察者の立場で，VTR撮影による自由遊び場面の自然観察を行いました。その際，クラス全員の行動を対象としましたが，方法としては，以下のように観察児を選出しました。3歳児は月齢のもっとも高い子ども，低い子どもを男女各1名，合計4名です。4歳児進級時に新入園児を迎えてクラスの人数が増加したため，ランダムに選ぶよりも異なるタイプの子どもを選ぶほうが，そのクラスの特徴をよりよく代表する（観察児を追えばクラス全体の様子を把握できる）と考え，①仲間とよく遊べる子ども，②保育者

に依存的な子ども、③保育者・観察者ともに気になる子ども（仲間の活動を壊してしまい仲間と一緒に遊べない、感情の起伏が激しく気分の良し悪しで行動が異なるなど）、④①〜③のどれにも該当しない子どもを合計8名（3歳児における観察児男女各1名含む）に決定しました。5歳児はその子どもたちを継続して追いました。

撮影については、3歳児では遊びの切れ目が明瞭ではないため、1日1人を登園からお弁当前まで追跡しました。4・5歳児では遊びが構造化して30分でもとらえやすくなり、逆に1日1人の子どものみであるとクラス全体が把握できないため、遊びの切れ目で中断する形で、1日1人30分ずつ、4人、合計120分間撮影しました。3年間の総観察時間は約160時間30分でした。

当然のことながら、観察中は保育の邪魔にならないように最大限の注意を払いました。まず、撮影中の遊びだけではなく、園全体の活動状況を把握しておく必要があります。また、子どもたちの動きを妨げず、視界に入りすぎない場所がよいですが、子どもたちから離れすぎて遊びの様子がうまくとらえられなければ、撮影する意味がなくなってしまいます。どこにどのように身をおくべきかを常に考え、子どもたちがカメラを気にして遊びが進まないようであれば、速やかに撮影を中断してその場を離れました。なお、カメラを意識するのはたいてい、遊びへの集中度が下がっている場合（何もしていない、遊びを探している、遊びが一段落してふと周りを見たらそこにカメラがあった等）でした。遊びが盛りあがっているときには、かなり接近して撮影していても、子どもたちがカメラに気を取られることはほとんどありませんでした。

そのようにして撮影したVTRのうち、仲間との相互作用のきっかけが生起する部分の子どもの発話や動作、表情、相互作用などを詳しく言語化（ビデオ起こし）して記録をためていき、それをもとに分析が始まっていきます。

2) 結果1：仲間との相互作用の開始方略

仲間との相互作用を開始するための働きかけ（仲間との相互作用の開始方略）を検討したところ、表7-1に示すような9つの方略が見出されました。結果だけ目にすると、すんなり分類されているように見えるかもしれませんが、そこに至るまでの道のりは果てしないものでした。上述したビデオ起こしにまず膨大な時間がかかり、そこから仲間への働きかけ方（いずれ方略として分類

表7-1　仲間との相互作用の開始方略 (松井ほか, 2001をもとに作成)

●**新たな活動**　自分／相手ともに現在進行中の活動とは別の新たな活動へ誘って，自分と一緒に活動しようとする。
(1) 明示　明示的[1]に相手を新たな活動へ誘う。
　　　　　　例）「おいかけっこしよう」，「いっしょにあそぼう」
(2) 暗黙　暗黙的[2]に相手を新たな活動へ誘う。
　　　　　　例）明示的に「ブランコしよう」ではなく「ブランコあいてるよ」という間接的な言い回しで，遊びの事柄にふれる。
●**自分の活動**　自分の活動へ相手を誘う。自分に相手をひきつける。
(3) 明示　明示的に，相手を自分の活動へ誘う。
　　　　　　例）積み木を組み立てている子どもが「(積み木) いっしょにやろう」
(4) 暗黙　暗黙的に相手を進行中の自分の活動へ誘う。自分の活動の提示。自分に注意をひきつける。おしゃべり。
　　　　　　例）お店屋さんごっこをしている子どもが「いらっしゃいませ」と店員の役で声をかける。土だんごを見せる。「きのう○○へいった」と話しかける。仲間の背後から抱きつく。
(5) 呼びかけ・あいさつ　呼びかけやあいさつをするが，それ以上のことは何も言わない。
　　　　　　例）「○○ちゃん」「おはよう」
●**相手の活動**　相手の活動へ働きかける。
(6) 明示　明示的に相手の活動への仲間入りを求める。
　　　　　　例）「いれて」
(7) 暗黙　相手の活動に関連した行動で暗黙的に相手の活動へ参加する。
　　　　　　例）大型ブロックの組み立てへ，そこで必要なブロックを運ぶことで参加。
(8) 質問　相手のしていることを質問する。
　　　　　　例）「なにしてるの？」
(9) 模倣　相手の動きを模倣したり，相手について行ったりする。
　　　　　　例）とびはねている仲間のまねをしてついて行く。

1) 明示的：相手とやりとりをしたいことが直接的に言葉で言い表されているため，それが字義通りに解釈でき明確である。
2) 暗黙的：直接的ではなく，間接的，婉曲的に表現されている。非言語的に身振りで表されているものも含む。

されるもの) を具体例としてあげていくと，実にさまざまなものがありました (相互作用のきっかけの総生起数は3194)。それを眺めながら同じようなものをひとくくりにしていきますが (カテゴリー化)，数が多いだけになかなかうまくまとまりません。最終的なカテゴリー数が多すぎてもとらえどころがありませんし，逆にまとめすぎると，さまざまな働きかけがあることの意味が消えてしまいます。子どもたちの実際の姿とは違うと何度もやり直したり，ゼミや研

究会などで発表して意見をいただいたりと試行錯誤の連続でした。つまり，観察→ビデオ起こし→分析というすっきりした流れで，ひとつずつ直線的に研究が進んでいくのではなく，すべてを並行しながら行きつ戻りつ，どうすれば子どもたちの生き生きとした姿をそのままに相互作用のきっかけをとらえ，研究としての意味も見出すのか，まさに暗中模索でした。糸口が見出されるまではあせりもありましたが，やはり何より幼稚園で子どもたちの様子を見るのはおもしろいし，相互作用のきっかけをとらえたいという気持ちは変わりませんでした。研究の地道な作業も始めてしまえば楽しく，あっという間に時間が過ぎていくものです。

なお，9方略の年齢的な変化は図7-1に示します（各年齢における全方略生起数を100%としています）。

3） 結果2：仲間への働きかけと遊び場面との関連

以上のように方略がまとまったら，それで終わりではありません。仲間との相互作用のきっかけが生まれる背景には，さまざまな要因が絡んでいます。年齢的変化（図7-1参照）以外にも，個人差は？　遊び場面との関連は？　暗黙的方略の特徴は？　保育者の影響は？　など次々と疑問はわいてきます。そのうち，ここでは仲間への働きかけと遊び場面との関連（松井，2001）につい

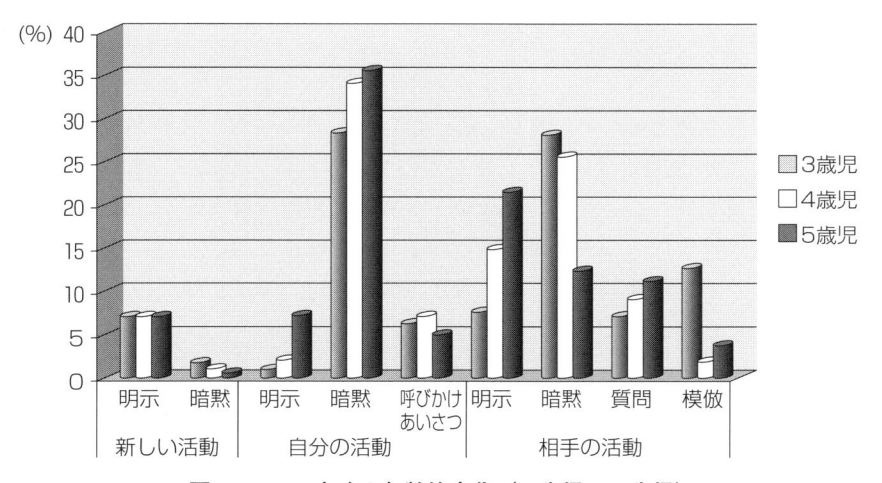

図7-1　9方略の年齢的変化（3歳児〜5歳児）

て紹介します。

　子どもたちの様子を見ていて，働きかける相手の遊びの種類や，遊びが行われている場の特徴によって働きかけが違うのではないかという実感がありました。また，周囲の環境は子どもの行動や遊びに影響を与えていることが多くの研究で見出されていることから，検討の価値があるだろう，何より実際のところどうなのか知りたいという思いで迷わず分析を始めました。ここでポイントとなるのは，遊び場面をどのように分類するかということです。当然，目の前の子どもの姿にそぐわない机上の空論では意味がありません。最初に行ったのは，働きかける相手の遊び場面をとりあげて分類する作業でしたが，方略のカテゴリー化と同様に一筋縄ではいきませんでした。そのようなとき，実際の子どもの姿を思い浮かべながらデータと格闘することも欠かせませんが，先行研究にあたることも重要です。分類作業と並行して遊びについての文献も読んで重要な示唆を得たのは，時間，場，物は遊びの外郭を決める（中沢，1996），遊びの特性は動き，ふりにある（本田，1996），保育における遊びにはイメージ優先のものとルール優先のものがある（森上，1996）という知見でした。それをもとにすると，時間は自由遊び場面を対象にするため共通，場は空間を構成する閉鎖性と開放性（仙田，1998），物については可塑性の有無，動きについては静と動からさらに分類できると考えました。

　そして，働きかける相手の遊び場面を14場面（区画・コーナー遊び，組み立て遊び，砂遊び，躍動遊び，ルール遊び，三輪車，ブランコ，鉄棒・うんてい，平均台，登り網，製作活動，小積み木・小ブロック，草花・虫集め，その他）に分類し，それぞれについて集計しました。14場面のうち，全年齢において仲間との相互作用の開始場面が生じた共通の上位6位に入っていたのが，表7-2に示す5場面でした。その5場面をとりあげて比較検討することにより，遊び場面の特徴は仲間への働きかけにどのように影響を及ぼしているのか，幼稚園で特徴的な遊び場面において子どもがどのようにして集まり，相互作用を開始しているのかをとらえることができます。

分析方法　表7-1の9方略をもとに6方略（自分・明示，自分・暗黙，相手・明示，相手・暗黙，質問，模倣）に再構成しました（「自分」「相手」はそれぞれ表7-1の「自分の活動」「相手の活動」に相当します）。年齢的な変化を見たところ（図7-1参照），「新たな活動・明示／暗黙」方略は，明瞭な変

表7-2 遊び場面の分類と仲間への働きかけに使用される方略の比較

遊び場面	遊び場面の特徴	使用されることの多い方略*		
		3歳児	4歳児	5歳児
区画/コーナー遊び	ままごとコーナー，すべり台，ジャングルジム 園庭に備え付けのテーブル，倉庫前に置かれている台 ・園に備え付けで，組み立ての必要なし ・他の遊び場面と区切られた「高所・別所・閉所」 ・遊びに参加するには進行中のテーマを知り，役が必要	差なし	相手・明示	差なし
組み立て遊び	大型積み木，大型ブロック，バークロス（大型組み立て棒） ・物自体に可塑性はないが，組み立てが必要 ・組み立て材料の運び出しと組み立て出入りや移動 ・ごっこ遊びが並行	差なし	自分・暗黙 相手・明示	差なし
砂遊び	砂場，土だんご作り，砂集め，砂や水を使った活動 ・可塑性が高い砂や水を使った活動 ・オープンスペース	自分・暗黙 相手・暗黙	相手・暗黙 ＞模倣	差なし
躍動遊び	しばしば軽快なリズムをもつ言葉や笑いをともないながら，大きな身体の動き，走る，とびはねる，身体接触のある躍動的な活動 ・オープンスペース	模倣 相手・暗黙	模倣 相手・暗黙	差なし
ルール遊び	鬼ごっこ，ドッジボール，野球，相撲などルールや順番待ちのある活動 ・活動エリアの境界は明確	差なし	相手・明示	相手・明示

注* 遊び場面別に6方略についての1要因分散分析を行った結果，有意差があったものを「使用されることの多い方略」として記載。

化を示さず生起数が低く，相手を自分のほうへひきつけて，自分と一緒に活動しようとするという意味において，「自分」と共通の機能をもちます。そのため，「新たな活動・明示」は「自分・明示」に，「新たな活動・暗黙」は「自分・暗黙」に含めました。「呼びかけ・あいさつ」についても明瞭な変化を示さず，明示的方略と暗黙的方略の中間的な位置にあると考えられますが，暗黙的方略により近いものとして「自分・暗黙」に含めることにしました。そして，働きかける相手が表7-2に示す遊び場面にいる場合，どのような方略を用いて働きかけるのか，分散分析を用いて検討しました。

その結果，遊び場面の特徴により仲間への働きかけが異なっていましたが（表7-2），多く行う遊びや仲間への働きかけにおいて年齢的変化が見られることとも関連がありました。遊び場面の特徴だけではなく，複数の要因をひもときながら解釈を進めていくため，事例を見直したり，観察にうかがいながら考えたりして，論文としてまとめるには相当の時間がかかりました。しかし，簡単にまとまらないところにこそ研究の意義とおもしろさがあり，手探りのなかから何かが見えてきたときの喜びは格別です。それはまさに，観察研究の醍醐味といえるでしょう。

以下，遊び場面ごとに述べます。

①区画／コーナー遊び

4歳児で「相手・明示」が多いという結果でした。区画・コーナー遊びが行われている場所は「高所」「別所」「閉所」で，子どもの滞留行動が起こり，人の流れが規制されています（仙田，1998）。そこではごっこ遊びが行われていることが多いのですが，ほかの遊び場面と区切られており，遊びの進行状況をすぐに理解することは難しく，その遊びに参加するには，進行中のテーマ（家族ごっこ，お店屋さんなど）を知り，自分の役（お母さん，店員など）を決める必要があります。したがって，いきなり何かの役を演じながら，ごっこ遊びの中に入っていくなど，相手の活動に関連した暗黙的な働きかけをすることは難しく，明示的に仲間入りを求めることが多いと考えられます。また，そのような閉鎖的な空間でごっこ遊びをしている仲間に対して，明示的に自分と活動するよう誘うことも難しいと考えられます。

3歳児，5歳児では使用方略に差はありませんでした。3歳児では年長児と比べて「いれて」という幼稚園の仲間入りルールが定着していないこと，5歳

児になると物を契機とする遊びから人間関係を重視する遊びへと移行し，一緒に遊びたい仲間が生まれる（Ladd et al., 1990; 高橋，1984）ため，その仲間を自分にひきつける働きかけをして，活動をともにしようとすることが増加する影響が考えられます。

②組み立て遊び

4歳児で「自分・暗黙」「相手・明示」が多く，3歳児，5歳児では方略間に差はありませんでした。組み立ててつくられる空間は閉鎖的で，ごっこはほかの活動の中に浸透していく性質をもっています（加用，1998）。実際に，組み立て遊びを行いながら，「役」や「ごっこ遊びのテーマ」について一言も言及されない事例は観察されませんでした。つまり，組み立てるだけではなく，ごっこ遊びが並行して行われていることが多く，進行中の遊びのテーマにそって参加するために，明示的に仲間入りを求めることが多かったと考えられます。ただし，同じようにごっこ遊びが行われる「①区画／コーナー遊び」と異なるのは，拠点となる場所はあるものの，組み立て材料の運び出しや組み立てが行われ，メンバーの出入りや移動も多いことです。そのような仲間に対して，自分の活動の提示や，注意のひきつけによって相互作用が生じることも多いと考えられます。

③砂遊び

3歳児で「自分・暗黙」「相手・暗黙」が多いという結果でした。砂遊びは，相手のじゃまをしなければ誰でもすぐそばまで近寄り，どこからでも声をかけることのできるオープンスペースで行われています。ひとつの砂場内に複数のグループがいることは珍しくなく，そのメンバーに属していなくても砂場へ入って行くことができます。3歳児後半に土だんご作りが盛んになりましたが，その場合，活動エリアの境界はなおさら不明瞭です。水でだんごを湿らせたり，園庭のいろいろな場所の砂をかけたりと，移動も頻繁です。そのため，仲間の遊びに参加しなくとも，呼びかける，自分の活動を相手に示すなどにより仲間とかかわりをもつことができます。また，この場面におけるごっこ遊びでは，砂や水，草花を使って料理を作る，作ったものを並べてお店屋さんごっこをすることが多く，砂や水など相手の必要なものを持って行く，客として参加するなど，相手の活動に関連した暗黙的な働きかけが多いといえます。

4歳児で「相手・暗黙」が「模倣」より多く（その他の方略では差なし），

5歳児では方略間に差はありませんでした。4歳児では「いれて」という仲間入りルールを多く使用するようになり，「いれて」と言ったかどうか確認するなど，仲間入りルールの力が強まっている時期でした。そのため，明示的な仲間入りと，自分および相手の活動に関連した暗黙的働きかけとの間に差がなかったと考えられます。5歳児では砂遊び自体が減少したことにより，差が出なかったと考えられます。

　④**躍動遊び**

　3歳児，4歳児で「相手・暗黙」「模倣」が多いという結果でした。広々とした空間があると子どもは喜んであちこち走り回ります。走ることは心を軽くし，開放し，リズムはそれを助け（津守，1997），お互いの発声と身体のリズムが深いレベルで共鳴しあい，一体化しているという感覚も生じます（麻生，1998）。軽快なリズムをもつ言葉や笑い，大きな身体の動き，走る，とびはねる，身体接触のあるような躍動的な場面（Pellegrini & Smith, 1998）では，明示的に仲間入りを求める，自分に注意をひきつける以前に，たとえば戦いごっこをしている仲間の前にポーズをして構えるなど，仲間と同じような身体の動きによって，そのなかへと自然にひき込まれていくのではないかと考えられます。とくに3歳児においては，ある子どもが走り出すとほかの子どももにこにこ笑いながら後をついて行き，連れだって走り回る状況もよく目にしました。5歳児では方略間に差はありませんでしたが，躍動遊び自体が減少したことや，上述した一緒に遊びたい仲間の影響があるでしょう。

　⑤**ルール遊び**

　4歳児，5歳児で「相手・明示」が多いという結果でした。ルール遊びには，順番や鬼の役，ゲームの進め方など一定のルールや制限などがあり，参加者として認知されたうえでルールに従って動かなければ，その遊びに参加しているとはいえません。したがって，明確に仲間入りを求めることが多いと考えられます。また，この遊びには数人以上の参加者が必要であり，一緒に行う相手を選ぶより，人数を集めることが優先されることも多々あります。

　「相手・明示」のうち「いれて」（地域によって言い方が異なりますが，幼稚園や保育所における定型的な言い回しの仲間入りルール）の占める割合を見てみると，3歳児：87.7％，4歳児：95.9％，5歳児：98.2％で，全方略に対する「いれて」の使用率は3歳児：6.7％，4歳児：14.3％，5歳児：21.1％で

した。さらに，この方略が使用された遊び場面を検討したところ，5歳児においては，その62.8％がルール遊びへの仲間入りの際に用いられたものでした（同様に3歳児：4.3％，4歳児：19.1％）。

したがって，明示的な仲間入り方略は，人間関係よりその活動を行うこと自体が重視され，活動に参加するためにその方略を使用することが有効であるルール遊び場面において限定的に使用される傾向が強まっていることになります。3歳児では方略間に差はありませんでしたが，まだルール遊びをすることが少ないため，この遊び場面の影響を受けにくいと考えられます。

3　今後の展望と教育へのヒント

誰かと人間関係を築くためには，その人と何らかのかかわり，つまり相互作用が必要になります。相互作用をもちつつ，さまざまな活動や出来事を共有していくうちに，その人との関係が深まっていきますが，それらすべてに「相互作用のきっかけ」があるのです。幼児期の子どもは，大人のようにたとえば初めて顔を合わせる場でお互いに紹介しあうなど儀礼的，慣習的な方略をもたず，日によって遊ぶ相手が違う，あるいは，ある程度仲のよい関係が成り立ってもそれが変化しやすい流動的なかかわりをもっています。そんな子どもたちが一体どのように一緒に遊びたい仲間を見つけ，仲間との相互作用を開始しているのか，つまり「相互作用のきっかけ」を詳細に把握することで，子ども同士のつながりを支え，仲間関係を育むうえでの一助となるでしょう。

ただし，相互作用のきっかけさえあればよいわけではありません。その後，どのような相互作用が展開されるのかということも，非常に重要な問題です。きっかけがあっても，その後うまくやりとりが続かなければ仲間関係につながっていきません。きっかけから，その後の相互作用の様子をプロセスとして縦断的に見ていく必要があるでしょう。また，仲間関係の成立には保育者の援助も欠かせませんし，保育者と子どもとのかかわりや，保育の環境，保育方針など，どういった保育が展開されているのかということとも密接に関連しています。つまり，仲間との相互作用のきっかけを"きっかけ"に，仲間との相互作用や仲間関係をとらえる多様な視点を模索し続けていく必要があるのです。

幼児期に仲間関係をうまく築けないことと，その後の学校生活や社会生活の

適応におけるつまずきとの関連性が多くの研究で見出され，人間関係に絡む衝撃的な社会問題も数多く露呈しています。人は人間関係なしに生きていくことはできず，幼児期からの仲間関係が子どもの発達において重要な鍵を握っているのです。幼児期の仲間関係を研究することは，幼児期のみならず，生涯にわたる人間関係の発達を理解するうえでも意義があるでしょう。

文献

麻生　武（1998）．なぜ大人は子どもと遊ぶのか．麻生　武・綿巻　徹（編）　遊びという謎．ミネルヴァ書房．pp.3-34.

Corsaro, W. A. (1979). 'We're friends, right?': Children's use of access rituals in nursery school. *Language in Society*, 8, 315-336.

Corsaro, W. A. (1985). *Friendships and peer culture in the early years*. Norwood, NJ: Ablex Publishing Corporation.

Holmberg, M. C. (1980). The development of social interchange patterns from 12 to 42 months. *Child Development*, 51, 448-456.

本田和子（1996）．「遊び」と「子ども」の二重奏——伝統的社会から近代産業化社会への移行の中で．高橋たまき・中沢和子・森上史朗（編）　遊びの発達学　基礎編．培風館．pp.82-99.

加用文男（1998）．遊びに生きる子どもの多重世界．麻生　武・綿巻　徹（編）　遊びという謎．ミネルヴァ書房．pp.35-61.

倉持清美（1994）．就学前児の遊び集団への仲間入り過程．発達心理学研究，5，137-144.

松井愛奈（2001）．幼児の仲間への働きかけと遊び場面との関連．教育心理学研究，49，285-294.

松井愛奈・無藤　隆・門山　睦（2001）．幼児の仲間との相互作用のきっかけ：幼稚園における自由遊び場面の検討．発達心理学研究，12，195-205.

Ladd, G. W., Price, J. M., & Hart, C. H. (1990). Preschoolers' behavioral orientations and patterns of peer contact: Predictive of peer status? In S. R. Asher & J. D. Coie (Eds.), *Peer rejection in childhood*. Cambridge, England: Cambridge University Press. pp. 90-115.

森上史朗（1996）．幼児の保育における遊び．高橋たまき・中沢和子・森上史朗（編）　遊びの発達学　展開編．培風館．pp.153-176.

中沢和子（1996）．子どもの環境と遊び．高橋たまき・中沢和子・森上史朗（編）　遊びの発達学　展開編．培風館．pp.177-202.

Pellegrini, A. D., & Smith, P. K. (1998). Physical activity play: The nature and function of a neglected aspect of play. *Child Development*, **69**, 577-598.

Putallaz, M., & Gottman, J. M. (1981a). An interactional model of children's entry into peer groups. *Child Development*, **52**, 986-994.

Putallaz, M., & Gottman, J. M. (1981b). Social skills and group acceptance. In S. R. Asher & J. M. Gottman (Eds.), *The development of children's friendships*. New York: Cambridge University Press. pp. 116-149.

Putallaz, M., & Wasserman, A. (1989). Children's naturalistic entry behavior and sociometric status: A developmental perspective. *Developmental Psychology*, **25**, 297-305.

Sawyer, R. K. (1997). *Pretend play as improvisation*. New Jersey: Lawrence Erlbaum Associates.

仙田　満（1998）．環境デザインの方法．彰国社．

Shibasaka, H. (1988). The function of friends in preschoolers' lives: At the entrance to the classroom. *Journal of Ethology*, **6**, 21-31.

高橋たまき（1984）．乳幼児の遊び．新曜社．

津守　真（1997）．保育者の地平．ミネルヴァ書房．

氏家達夫（1996）．子どもは気まぐれ．ミネルヴァ書房．

Column

●この研究を始めたきっかけは？

　子どもは園生活の1日で，さまざまな遊びをしています。2人以上の子どもが一緒に遊んでいる場合，どのようにして集まったのか，今まで一緒に遊んでいなかった別の子どもとのかかわりはどのように生まれるのか，その「きっかけ」を知りたいと思ったのです。

●一番工夫した点は？

　子どもたちが自由に活動しているすべての場面を対象にしたうえで，さまざまな「暗黙的」な働きかけに焦点をあて，事例にもとづく質的分析と，数値を用いた量的分析を並行して検討したことです。結果の解釈には必ず，実際の子どもの姿を反映した事例に立ち戻りました。

●一番苦労した点は？

　ビデオによる観察研究のため，とにかく時間と労力がかかったことです。最終的にこの研究テーマに費やしたのは5年間，総撮影時間は約250時間，そのビデオ起こしには撮影時間の数倍の時間がかかります。そして，フィールドにうかがうことで研究は始まっていても，長時間にわたるビデオ起こしができてやっと，分析のスタートラインに立てるのです。

●こんなところがおもしろい！

　継続的にフィールドに通えば，子どもの成長や発達を見届けられますし，何より子どもが生き生きと遊んでいる様子は，研究テーマに関係なく手放しでおもしろいです。観察研究は，開始時点ではまったくとらえどころがないことも多く，手探りの長い道のりで時間もかかってたいへんですが，だからこそ何かが見えてきたときのおもしろさがあります。

　実際の子どもの遊びや生活を，自分の目で見て，肌で感じたうえで研究を進められ，一度経験するとやめられず，くせになります。

8章
人が抱く感情についての理解

麻生良太

リサーチクエスチョン
Q 子どもは感情とその原因のつながりをどのように認識しているか？
子どもは人との相互作用で生起する感情をいつ頃から理解しているか？

　幼稚園・保育園の子どもたちを観察していると，かならず子どもたちが何らかの感情を抱く場に遭遇します。たとえば，使っているおもちゃを友だちに横取りされる，思い通りいかないことに腹を立て友だちが作った物を壊すことで，自分または友だちが悲しい／怒る感情を抱く様子。また，遊び道具の片付けを友だちに手伝ってもらう，クレヨンを忘れた友だちに自分のクレヨンを貸してあげることで，自分または友だちがうれしい／楽しい感情を抱く様子などです。日常のこうした感情を抱く体験をすることで，子どもたちは人間関係を築くことの大切さや維持することの難しさを学びます。幼児期の感情体験は，社会性の発達に重要な役割を担っているのです。

　ところで，子どもたちは人が抱く感情について，どのように理解しているのでしょうか。本章では，まず子どもの感情についての理解に関する研究を概観します。そして，「根にもつ」のような，感情を生起する人と，感情の生起の原因となる対象との相互作用をふまえた感情の理解として「時間的広がりをもった感情の理解」をとりあげ，その教育的な意味についても考えてみたいと思います。

1 「人が抱く感情」と「その感情が生起した原因」とのつながりの認識

1) 人が抱く感情についての理解にかかわる2つの推論

「人が抱く感情について理解する」場合，その理解には2つの推論が関係していると考えられます。1つめは，表情や，感情が生起される状況などから人が抱く感情を推論すること。2つめは人がある感情を抱いたときに，その感情が生起した原因は何かを推論することです。つまり，人が抱く感情について理解するためには，「人が抱く感情」と「その感情が生起した原因（誘因ともいいます）」とのつながり（因果関係）を認識する必要があるのです。

冒頭で「使っているおもちゃを友だちに横取りされる」という例をあげました。実際の保育場面を考えてみると，この後おもちゃを横取りされた子どもは，おそらく保育者の元に行き，こう言うでしょう。「先生，おもちゃを取られた」と。すると，保育者はおもちゃを横取りした子どものところへ行き，「なんでおもちゃを取ったの？ 取られた人はどんな気持ちになるかな」と諭すと思います。そして，そう言われた子どもは「悲しい気持ちになる」や「嫌な気持ちになる」と答えるのではないでしょうか。こうした日常で見られる子どもたちと保育者のやりとりは，1つめの「感情が生起する状況から人が抱く感情を推論する」ことにあてはまるでしょう。

2つめの「人がある感情を抱いたときに，その感情が生起した原因は何かを推論する」とは，たとえば，子どもが怒りながら友だちとケンカをしており，保育者が怒っている当人やそのまわりの子どもたちに「なんで怒っているのかな」と尋ね，「作っていた積み木を壊されたから」と答えるといった日常場面があてはまります。これから人が抱く感情についての理解の発達に関する研究を紹介していきますが，紹介する研究のほとんどがこの2つの推論のどちらかまたは両方を子どもに尋ね，それに対する子どもからの返答・説明を分析することで人が抱く感情についての理解を解明しようとしています。

では，子どもは「人が抱く感情」と「その感情が生起した原因」とのつながりをどのように認識しているのでしょうか。この節では，「感情が生起した原因」として，①表情・外的状況，②心的状態，③個人に特有な情報をとりあげ

ていきたいと思います。

2) 人が抱く感情と表情・外的状況とのつながり

『「人が抱く感情」と「その感情が生起した原因」』と聞いたとき，まず思いつく原因は「表情」または「外的状況」ではないでしょうか。

この2つのなかでも，人が抱く感情と表情とのつながりは，かなり年少の子どもでも認識しているようです（Ridgeway et al., 1985; Denham & Couchoud, 1990）。デンハムとクーシュー（Denham & Couchoud, 1990）は，4つの基本感情（喜／悲／怒／恐）が描かれた表情図を2歳児～4歳児に提示し，2歳児の50～75%が4つの基本感情のうちの3つ（喜／悲／怒）について，適切に名づけることができることを示しています。

また，人が抱く感情と外的状況とのつながりも3歳頃には認識しているという結果が得られています（Borke, 1971; Russell, 1990; 笹屋，1997；Cutting & Dunn, 1999）。この章の冒頭から例として示してきた，外的状況（例：思い通りいかないことに腹を立て友だちが作った物を壊す）と人が抱く感情（怒る）とのつながりに関する認識は，幼稚園に入園する頃には形成されていると考えていいようです。

人が抱く感情を表情または外的状況から推論する場合，そこで推論される感情は子どもでも大人でも納得するような，一般的で共通したものになるでしょう（読者のみなさんも作った積み木が壊されたらうれしい気持ちになるのではなく，腹立たしい気持ちになりますよね？）。こうした，人が抱く感情と表情または外的状況がつながっていることを，守るべき・推奨するべき共通のルールとして幼児期の子どもたちに教えることは，集団で生活をしている幼稚園や保育園では非常に重要になるといえるでしょう。

3) 人が抱く感情と心的状態とのつながり

次に，人が抱く感情と心的状態とのつながりの認識についてみていきましょう。ハリスら（Harris et al., 1989）による研究を参考に作成した，以下の物語を見てください。「あるところに兄弟がいました。ある日，お兄ちゃんは弟のポッキーを全部食べてしまいました。いたずら好きなお兄ちゃんはポッキーの箱の中に，ポッキーではなく鉛筆を入れました。それを知らないお母さんは，

ポッキーが食べたいという弟に，ポッキーの箱をわたしました」。さて，この弟が抱く感情は何でしょうか。ここで，もし外的状況とのつながりから弟が抱く感情を理解するのであれば，すでにポッキーは箱の中にないので，「弟は悲しい気持ちになる」と考えるでしょう。しかし，弟は箱の中にポッキーがあると「信じている」わけです。したがって，弟が抱いている信念にもとづいて弟の抱く感情を理解すると，「弟はうれしい気持ちになる」となります。ハリスの研究の結果からは，4歳児の多くは「弟は悲しい気持ちになる」と答え，6歳児の多くは「弟はうれしい気持ちになる」と答えるということが示されています。

　ハリスらの研究結果からわかるように，人が抱く感情は外的状況（鉛筆が入っているポッキーの箱をわたされる）に頼るだけで理解できるものではありません。感情を生起する人（お兄ちゃん）の意図・欲求・信念といった心的状態が，外的状況をどのようにとらえているのか（箱の中にはポッキーが入っている）によっても，人が抱く感情を理解することがあるのです。

　同じ外的状況であっても，自分が抱く感情と異なる感情を友だちが抱くかもしれない——なぜなら，その外的状況に対して自分とは異なる意図・欲求・信念を友だちはもっているから——と理解する，つまり心的状態によって人が抱く感情や人の行為を理解するための認知的枠組みは「心の理論」と呼ばれています（Wimmer & Perner, 1983; Perner, 1991）（4章参照）。

4） 人が抱く感情と個人に特有な情報とのつながり

　この節の最後は，人が抱く感情と個人に特有な情報とのつながりについての子どもの認識を見ていきたいと思います。個人に特有な情報とは，内的特性（正直者，恥ずかしがりや）（6章参照）や過去の経験（昨日，友だちとケンカをした）などを指します。これらが，人が抱く感情とつながりがあることを子どもは認識できるのでしょうか。

　グネップとキランカーティー（Gnepp & Chilamkurti, 1988）は，人が抱く感情と内的特性とのつながりの認識を調べるために，「ケアリーはパーティでは隅っこに座ります。また，人から話しかけられたとき，下を向いてボソボソと答えます。そして授業中手をあげません。そんなケアリーはある日，友だちからゲームのリーダーになるようお願いされました。さてケアリーはどんな気持

ちになるでしょう」といった物語を使用しています。同様の物語は6パターン用意され，6歳児，8歳児，10歳児に示されました。結果から，約60％の6歳児，55％の8歳児が，最後の外的状況において生起する感情を推論する際に，外的状況（ゲームのリーダーになる）から一般的に生起する感情（うれしい）を選び，約40％が内的特性（恥ずかしがりや）にもとづいて生起する感情（悲しい）を選ぶことが明らかになりました。10歳児になり，ようやく70％が内的特性（恥ずかしがりや）にもとづいて生起する感情（悲しい）を選ぶようです。

　人が抱く感情と過去の経験とのつながりの認識については，グネップとグールド（Gnepp & Gould, 1985）の研究が有名です。彼らは，「ある日パットは自分が飼っているハツカネズミを拾いあげた際，噛まれてけがをしました。次の日，パットが学校へ行くと，先生に『パットがハツカネズミに餌をあげる番よ』と言われました。パットはどんな気持ちになるでしょう」という物語を5歳児，8歳児，10歳児に示し，「パットはどんな気持ちになるかな？」と尋ねました。結果から，先ほどの研究と同様に，10歳までは外的状況（餌をあげることができる）から一般的に生起する感情（うれしい）を選ぶという傾向が見られました。

　彼らは，人が抱く感情と過去の経験とのつながりを認識して，「パットは嫌な気持ちになる。なぜならこのハツカネズミも自分を噛むかもしれないと思っている」と答えるためには，①過去の経験でパットが抱いたと思われる感情を推論し，そして，先生に餌をあげるよう言われたとき，②過去の経験でパットが抱いたと思われる感情を適用してパットが抱く感情の推論をする，という2つの推論を行う必要があると述べています。

　グネップとキランカーティー（Gnepp & Chilamkurti, 1988），グネップとグールド（Gnepp & Gould, 1985）の研究では，恥ずかしがりやというケアリーの内的特性や，過去の経験でパットが抱く感情は物語では明示されておらず，推論しなくてはいけません。これは幼児期，そして児童期初期の子どもには認知的負荷が非常にかかると考えられます。

　それに対し，ラガッタら（Lagattuta et al., 1997; Lagattuta & Wellman, 2001）は，物語の中に人が抱く感情を提示しています。たとえば，「マイクが飼っているウサギが犬に追いかけられていなくなりました。マイクは悲しい気持ちになりました。次の日，マイクが友だちと遊んでいると，昨日の犬が尻尾を振り

ながらやってきました。そのとき，マイクは悲しい気持ちになりました」といったように，マイクが抱く感情を物語の中に提示することで，子どもの認知的負担を軽減しています。また，彼らは過去の経験と現在の状況とを関連づける「手がかり」として，ウサギを追いかけた犬を次の日再び登場させるという工夫をしました。その結果，6歳までには人が抱く感情と過去の経験とのつながりを認識できることを示しています。

ここまで見てきたように，人が抱く感情を理解するには，感情が生起した原因とのつながりを認識しなくてはなりません。そしてこれらのつながりの多くは，幼児期の間に認識されることがわかっています。

2　子どもは人との相互作用で生起する感情をいつ頃から理解しているか

1) 時間的広がりをもった感情の理解とは？

1節では，人が抱く感情とその感情が生起した原因とのつながりを子どもがどのように認識しているかを，3つの観点から見ました。人が抱く感情の理解に関する研究の多くは，表情・外的状況とのつながりの認識を調べています。外的状況から生起する感情というのは，誰もが同じ出来事を体験するという意味で，共通した感情を抱くと考えられています。また，幼児の発達研究では，人が抱く感情の理解とほかの心的要因との関連を見るものが少なくありません。その場合の人が抱く感情の理解は，表情・外的状況とのつながりの認識を見ているといっていいでしょう。

ただ，心的状態や個人に特有な情報（内的特性や過去の経験）とのつながりがあることからもわかるように，日常生活で人が抱く感情は，その人その人で異なる場合のほうが多いのではないでしょうか。虫が嫌いな子どもに虫を見せるととても嫌がりますが，虫が好きな子どもであればとても喜ぶでしょう。幼児期の子どももそれを理解していて，虫が嫌いな子どもにわざと虫を見せて，嫌がらせをすることもあります。

このように，人が抱く感情を理解するとき，直近の外的状況から共通して生起すると考えられる感情を推論するのではなく，感情を生起する人の心的状態，内的特性，過去の経験，そして過去の経験で感情の生起の原因となった対象に

付与した心的状態や内的特性に依拠して，ある状況で人が抱く感情を推論することを，麻生・丸野（2007, 2010a）は「時間的広がりをもった感情理解」と呼んでいます。

2) 日常生活で見られる時間的広がりをもった感情の理解とは？

「時間的広がりをもった感情理解」の説明の中にもありましたが，日常生活で時間的広がりをもった感情の理解を考えるうえで，押さえておかなければならないことがあります。それは，感情を生起する人と，感情の生起の原因となる対象との相互作用の結果，感情を生起する人がその対象に付与する「わざ

Key Words

▶**心的状態**（internal state）➡130ページ

短時間で引き起こされる心の状態のこと。心的状態として，知覚，意図，感情，願望，知識，信念，思考などがあります。これらの心的状態にもとづいて人の行為を理解するための認知的枠組みは「心の理論」と呼ばれています。

▶**内的特性**（trait）➡132ページ

他者の行動などから，その他者に対して想定するパーソナリティや好みなどのさまざまな傾向性のこと。ユイル（Yuill, 1995）によると，内的特性の特徴として，時間的な特徴（特性は時間を超えて一連の行為を記述する）と因果的な特徴（特性は異なる行為のもととなっている原因を説明するのに用いられる）の2つがあるといいます。

▶**時間的広がりをもった感情理解**（temporally extended emotional understanding）➡135ページ

人が抱く感情を理解するとき，直近の外的状況から共通して生起すると考えられる感情を推論するのではなく，感情を生起する人の心的状態（～が好き），内的特性（恥ずかしがり），過去の経験（いやなことをされた），そして過去に感情の生起の原因となった対象に付与した心的状態（～を嫌い）や内的特性（～は意地悪）に依拠して抱く感情を推論すること。

と」や「意地悪」「嫌い」などの心的状態あるいは内的特性が，ある状況下で人が抱く感情の原因となりうるということです。

　たとえば，「ある日，まゆみさんという女の子がボールで遊んでいると，ひろゆきくんという男の子がやってきて，まゆみさんのボールを勝手に取った」場面を考えてください。「そのとき，まゆみさんが抱く感情は？」と聞かれたら，ネガティブな感情だと答えるでしょう。では，「その感情を抱いた原因は？」と聞かれたら，「ボールを取られたから」と答えると思います。次に，「ボールを取られた次の日，ひろゆきくんがこちらにやってくるのを見た場合，まゆみさんはどのような感情を生起するでしょうか？」おそらくこちらもネガティブな感情だと思います。では，「その感情はなぜ生起したのでしょうか？」それは，「（昨日，ボールを取られた）意地悪／嫌いなひろゆきくんがやってきた」からではないでしょうか。すなわち，まゆみさんが抱いた感情の根本的な原因は「ボールを取られた」ことなのですが，ボールを勝手に取ったひろゆきくんに付与した「意地悪／嫌い」という内的特性が，次の日にひろゆきくんを見たまゆみさんがネガティブな感情を生起した理由であるといえるでしょう。

　この例からわかることは，他者との相互作用をふまえて時間的広がりをもった感情の理解をするには，感情を生起する人の心的状態，内的特性，過去の経験だけに目を向けているだけでは見落としてしまう感情の理解があるということです。つまり，感情を生起した人が，その結果として感情の生起の原因となった他者にどのような心的状態（わざと）や内的特性（意地悪／嫌い）を付与したのかを，どれだけ考慮できているかどうかがここでは必要になるのです。

　では，幼児期の子どもたちは，感情の生起の原因となった他者の心的状態や内的特性に依拠した感情の理解をどの程度しているのでしょうか。次からそれを見ていきたいと思います。

3）　幼児期の子どもの他者の内的特性に依拠した感情の理解

　麻生・丸野（2007）は，日常生活で人が抱く感情を理解する際には，感情を生起する人と感情を生起させる他者とのやりとりを考慮することが重要だと考えました。そこで彼らは，提示する物語や劇の話の筋は同じですが，話の中で感情の生起の原因となる対象を，人（友だちに積み木を壊される）と，物（ボールに積み木を壊される）とに分けました。もし，幼児期の子どもが他者との

相互作用をふまえた感情の理解をするのであれば，人が感情の生起の原因となる対象の場合とそうでない対象の場合とでは，結果が異なると考えたのです。

具体的に彼らが子どもに提示した実験を見てみましょう。彼らは，4歳児60名，5歳児60名に，人形劇を見せました。人が感情の生起の原因となる人形劇は，①さとこちゃんという人形（感情を生起する人）とひろこちゃんという人形（感情の生起の原因となる対象）が，最初は一緒に積み木でお家を作っています。②しかし，もうすぐ完成するというところで，ひろこちゃんが「こんなのつまらない」と言って，積み木を手で崩してどこかへ行ってしまいます。③次の日，さとこちゃんが歩いていると，向こうからひろこちゃんがやってきました。という3つの場面からなります。物が原因となる人形劇では，①さとしくんが一人で，積み木でお家を作って遊んでいます。②しかし，もうすぐ完成するというところで，ボールが転がってきて積み木を崩してしまいました。③次の日，さとしくんが箱の中を開けると，昨日のボールが入っていました。という3つの場面からなります。4歳児，5歳児ともに，30名は人が感情の生起の原因となる人形劇，残りの30名は物が原因となる人形劇を見ました。両劇とも，③の場面で子どもに【うれしい／悲しい／驚く／怒る】の表情が描かれた表情図を提示し，「今，さとこちゃんはどんな気持ちかな？ このお顔の中から選んでくれるかな？」と質問をしました。4つのうちから1つを選んだら，続いて「なんでさとこちゃんはこんな気持ちになったのかな？」と質問をしました。そして，子どもの答えを「ひろこちゃんが積み木を壊したから」といった，選択した感情と過去の経験とのつながりを認識したか否かで分類をしました。

結果を図8-1に示しています。4歳児では人が感情の生起の原因となる対象の場合，ボールの場合よりも有意に生起した感情と過去の経験とのつながりを認識することがわかりました。また，人が感情の生起の原因となる対象であるときは4歳児と5歳児の間に有意な差は見られませんでしたが，ボ

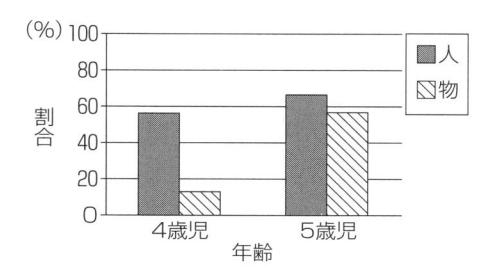

図8-1 時間的広がりをもった感情の理解をした割合
（麻生・丸野，2007の結果を一部改変）

ールが対象であるときは5歳児が4歳児よりも有意に生起した感情と過去の経験とのつながりを認識することがわかりました。

なぜ，4歳児はやりとりする対象が人であれば感情を推論することができたのでしょうか。おそらく，4歳児は，ひろこちゃんがお家を壊したときに，ひろこちゃんに「意地悪／嫌いな人だ」といった内的特性を付与したのだと考えられます。そしてその意地悪／嫌いというひろこちゃんに対する内的特性の認識を場面が変わっても維持し続けたため，ひろこちゃんが再度登場したときに，「(積み木を壊した) 意地悪／嫌いなひろこちゃんがきた」という他者に付与した内的特性に依拠して，さとこちゃんが抱く感情を推論したのではないでしょうか。それに対し，やりとりする対象がボールの場合，4歳児は，ボールがお家を壊したときは「嫌なボール」といった内的特性を付与したのかもしれません。しかし，4歳児は，ボールに対して付与した内的特性はその場かぎりのものであるという認識をもっていて，場面が変わると先ほど付与した内的特性を考慮しなくなるのかもしれません。5歳児になると，ボールに対して付与した「嫌なボール」といった内的特性は，場面が変わっても維持されるという認識をもっているため（6章も参照)，やりとりする対象が人でも物でも時間的広がりをもった感情の理解ができたのではないかと考えられます。

麻生（2010b）は麻生・丸野（2007）の結果だけでは，本当に子どもは感情の生起の原因となる対象の心的状態に依拠して感情を推論したのかわからないと考え，物語の冒頭にあらかじめ感情の生起の原因となる対象に内的特性を付

図8-2 お山を壊した優しい友だちに会ったら…

与し，それを子どもに伝えました。もし，子どもが感情の生起の原因となる対象の内的特性に依拠して感情を推論するのであれば，たとえば，とても仲のいい優しい友だちに，砂場で作っていたお山を壊されて，その後その友だちが再度現れたとき，子どもは「お山を壊された」という過去の経験に依拠するのではなく，「優しい友だち」という感情の生起の原因となる対象に付与された内的特性に依拠して，人が抱く感情を理解すると考えたのです。

麻生（2010b）が提示した物語の1つが図8-2です。これは「優しい」条件になります。具体的には，『①あるところにさとこさんとのぞみさんがいました。のぞみさんはとっても優しい人です。②ある日，さとこさんが一人で砂場でお山を作っていると，③のぞみさんがやってきて「私も一緒にお山作ってもいい？」と聞きました。でも，さとこさんは「今は一人で作りたいからダメ」と言いました。④すると，のぞみさんは「何でダメなの？ ケチ!!」と言って，お山を蹴って壊してしまいました。⑤その後，さとこさんはお昼ご飯を食べて，⑥鉄棒で遊んでいました。⑦そこへ，のぞみさんがやってきました。』という物語を聞かせました。そして⑦の場面で「さとこさんはのぞみさんを見て，どんな気持ちになるかな？」と図8-3の表情図【うれしい（左上）／怒る（右上）／困る（左下）／悲しい（右下）】を提示しながら聞き，子どもがどれか1つを選んだら，「なんでこんなお顔になるのかな？」と質問しました。こうした物語を，感情の生起の原因となる対象が，人の場合3条件【優しい／意地悪／普通（いつもはそれほどよく遊ばない関係）】と，物の場合1条件【ボール】の合計4条件用意し，3歳児20名，4歳児20名，5歳児20名に提示しました。全年齢とも，1人で4条件すべての紙芝居を見ました。

質問に対する回答は3つのパターンに分けられました。①で付与した「他者の内的特性」に依拠した回答（例：優しい人が来たからうれしい），④の「過去の経験」に依拠した回答（例：さっきお山を壊した人だから怒る），そして，⑦の「現在の状況」に依拠した回答（例：お友だちが来たからうれしい）です。

結果を表8-1に示しています。3歳児は，どの条件であっても，⑦の「現在の状況」か

図8-3 どんな気持ちになるかな？

表 8-1 感情の生起した原因は何かな？（数値は人数）（麻生，2010b をもとに作成）

	優しい			意地悪		
	他者の内的特性	過去の経験	現在の状況	他者の内的特性	過去の経験	現在の状況
3歳児 (n=20)	3 (15.00)	7 (35.00)	10 (50.00)	5 (25.00)	5 (25.00)	10 (50.00)
4歳児 (n=20)	12 (60.00)	4 (20.00)	4 (20.00)	13 (65.00)	4 (20.00)	3 (15.00)
5歳児 (n=20)	14 (70.00)	5 (25.00)	1 (5.00)	16 (80.00)	1 (5.00)	3 (15.00)

	普通			ボール		
	他者の内的特性	過去の経験	現在の状況	他者の内的特性	過去の経験	現在の状況
3歳児 (n=20)	0 (0)	9 (45.00)	11 (55.00)	0 (0)	3 (15.00)	17 (85.00)
4歳児 (n=20)	3 (15.00)	13 (65.00)	4 (20.00)	0 (0)	6 (30.00)	14 (70.00)
5歳児 (n=20)	12 (60.00)	5 (25.00)	3 (15.00)	1 (5.00)	14 (70.00)	5 (25.00)

注（ ）内は％

らさとこさんが抱く感情を理解するという結果になりました。たとえば「意地悪」条件のときでも「のぞみさんがニコニコしているから，さとこさんはうれしい」と答えるのです。この結果から判断するに，3歳児では，まだ感情の生起の原因となる対象へ付与した内的特性に依拠して感情を理解することは難しそうです。4歳児から，「優しい」条件は「優しいお友だちが来たからうれしい」，「意地悪」条件は「意地悪な人が来たから悲しい」といったように，感情を生起する人とやりとりする対象が人であり，かつ対象である人の内的特性が明示された場合，感情の生起の原因となる対象の内的特性に依拠して人が抱く感情を推論することが明らかになりました。

　麻生・丸野（2007），麻生（2010b）の結果から，4歳頃から，感情を生起する人だけでなく，感情の生起の原因となる対象である人に目を向け，その対象である人の内的特性をふまえて感情の理解をすることができることがわかり

ました。よく幼稚園・保育園で，さっき嫌なことをされたのを根にもち，嫌なことをした人と遊ばない子どもの姿を見ます。「根にもつ」ことを理解するためには，嫌なことをされたという出来事だけでなく，嫌なことをした人に対して「嫌な人」という内的特性を付与し，さらにそれは時間や場面を超えても続くだろうという認識をもつ必要があります。こうした「根にもつ」理解の芽生えは，今回の結果から，おそらく4歳頃から見られるのではないでしょうか。

3　今後の展望と教育へのヒント

1）行為は自分に返ってくるということを教えよう

　時間的広がりをもった感情の理解の説明と具体的な研究の紹介をしてきました。私たちは感情を抱くとき，その感情の生起の原因にも目を向け，原因に対し何らかの意味づけ（本章では優しい，意地悪，わざと……）をしています。そしてその意味づけの中身が，その後の人間関係に影響を与えているのです。

　この知見を，子育てや保育の実践にどう生かせるでしょうか。子ども同士や親と子ども，子どもと先生とのかかわりの中では，嫌な気持ち，うれしい気持ちを抱くことが多々あると思います。その際，大人はよく子どもがした「行為」に注目し，その行為をしたら相手がどんな気持ちになるか考えさせることがよくあります。それを行為だけでなく，その結果として自分が友だちにどう思われるのか（どのような内的特性を付与されるのか）を考えさせることも大事なことではないでしょうか。たとえば，「お友だちを叩いちゃだめでしょ。叩かれたお友だちはどんな気持ちになると思う？」という言葉だけでなく，「叩かれたお友だちはあなたのことをどう思うかな？　嫌な人とか，意地悪な人って思うかもしれないね。そしたら，後でお友だちと一緒に遊びたいって思っても，お友だちが意地悪な人と一緒に遊ぶのは嫌だって思うかもしれないよ」といった形で子どもに投げかけることで，行為は自分に返ってくることを理解させることも，良好な人間関係を形成するうえで大切なことなのではないでしょうか。

　この考え方は，普段まわりの友だちから「意地悪」と思われている子どもに対する認識を変化させるときにも役立ちます。「意地悪」と思われている子ど

もが友だちや先生がうれしい気持ちになるような行為をしたとき，その行為だけをほめるのではなく，その子どもに「〇〇ちゃんは優しい人だね」といった，ポジティブな内的特性を明示的に繰り返し付与してみてはどうでしょうか。おそらく，周りの子どもは，その子どもに対する「意地悪」という認識を徐々に変化させていくと思います。認識が変化することで，「意地悪」と思われている子どもへのまわりの子どものかかわり方にポジティブな変化が起き，そのポジティブな変化を感じた子どもがさらにいい行為をする動機になる……。生起した感情と，感情の生起の原因となった他者へ内的特性を明示的につなげるような教育的介入をすることで，こうした正のループを生み出すことができるのだと思います。

2) 感情理解研究の今後

最後に，今後の感情理解研究の展望を2つ述べたいと思います。1つめは人が抱く多様な感情の理解の発達を調べる研究についてです。たとえば，ラガッタ（Lagattuta, 2007）は，「心配」という感情についての理解を調べています。「心配」というのは，将来の出来事を予測することで起こる感情です。こうした「いま・ここ」の状況だけでは説明できない感情について，幼児期の子どもがどの程度理解しているのか，そしてその背後にはどのような認知能力が想定されるのか。これらの多様な感情の理解を明らかにすることをめざした研究が1つの方向性として考えられると思います。個人的には，子どもは「感動」という感情をどの程度理解しているのかを研究してみたい思いがあります。「感動」という感情は，積み重なったさまざまな出来事や思い出が何かのきっかけで生の感情体験として思い起こされ，生起するものだと思います。こうした複雑かつ美しい感情を，いったい子どもは理解できるのかに興味があります。

2つめは，感情の性質についての理解を調べる研究です。感情には，①時間や場面を超えて持続するが，時間の経過にともない徐々に弱まる，②同じ感情であっても強度（強い／弱い）がある，③考えることで再び生起することがある等といった性質があります。こうした感情の性質について，いったい子どもはどの程度理解しているのでしょうか。これらの研究は主にハリスら（Harris et al., 1985）やフラベルら（Flavell et al., 2001）によって行われています。たとえばフラベルによると，幼児期の子どもでも，感情は「考えることで生起す

る」といった，心的状態（考える）と心的状態（感情の生起）とのつながりを，ある状況を厳密に設定することで理解できるといいます。子どものこうした感情の性質についての理解を細かく調べていくことで，大人のような複雑な感情の理解ができるまでの発達の道筋が少しは見えてくるのではないかと考えています。

　「人は感情を抱く」ことはとてもあたりまえで，みなさんも実感として理解できると思います。しかし，「なんでその感情を抱いたのか？」と問いをもち，考えてみると，この章で紹介したように，その原因や理由は多様で，1つの原因や1つの理由だけで説明することはたいへん難しいものなのです。

引用文献

麻生良太・丸野俊一（2007）．幼児における時間的広がりを持った感情理解の発達：感情を抱く主体の差異と感情生起の原因となる対象の差異の観点から．発達心理学研究, 18, 163-173.

麻生良太・丸野俊一（2010a）．時間的広がりを持った感情理解の発達変化：状況に依拠した推論から他者の思考に依拠した推論へ．発達心理学研究, 21, 1-11.

麻生良太（2010b）．時間的広がりをもった感情理解の発達変化：関係性からの検討．発達心理学会第21回大会発表論文集, 547.

Borke, H. (1971). Interpersonal perception of young children: Egocentrism or empathy? *Developmnental Psychology*, 5, 263-269.

Cutting, A. L., & Dunn, J. (1999). Theory of mind, emotion understanding, language, and family background: Individual differences and interrelations. *Child Development*, 70, 853-865.

Denham, S. A., & Couchoud, E. A. (1990). Young preschoolers' ability to identify emotions in equivocal situations. *Child Study Journal*, 20, 153-169.

Flavell, J. H., Flavell, E. R., & Green, F. L. (2001). Development of children's understanding of connections between thinking and feeling. *Psychological Science*, 12, 430-432.

Gnepp, J., & Chilamkurti, C. (1988). Children's use of personality attributions to predict other people's emotional and behavioral reactions. *Child Development*, 59, 743-754.

Gnepp, J., & Gould, M. E. (1985). The development of personalized inferences: Understanding other people's emotional reactions in light of their prior experiences. *Child Development*, 56,

1455-1464.

Harris, P. L., Guz, G. R., Lipian, M. S., & Man-Shu, Z. (1985). Insight into the time course of emotion among western and chinese children. *Child Development*, 56, 972-988.

Harris, P. L., Johnson, C. N., Hutton, D., Andrews, G., & Cooke, T. (1989). Young children's theory of mind and emotion. *Cognition and Emotion*, 3, 379-400.

Lagattuta, K. H. (2007). Thinking about the future because of the past: Young children's knowledge about the causes of worry and preventative decisions. *Child Development*, 78, 1492-1509.

Lagattuta, K. H., & Wellman, H. M. (2001). Thinking about the past: Early knowledge about links between prior experience, thinking, and emotion. *Child Development*, 72, 82-102.

Lagattuta, K. H., Wellman, H. M., & Flavell, H. (1997). Preschoolers' understanding of the link between thinking and feeling: Cognitive cuing and emotional change. *Child Development*, 68, 1081-1104.

Perner, J. (1991). Understanding the representational mind. Cambridge, MA: Bradford/MIT Press.

Ridgeway, D., Waters, E., & Kuczaj II, S. A. (1985). Acquisition of emotion-descriptive language: Receptive and productive vocablary norms for ages 18 months to 6 years. *Developmental Psychology*, 21, 901-908.

Russell, J. A. (1990). The preschooler's understanding of the causes and consequences of emotion. *Child Development*, 61, 1872-1881.

笹屋里恵(1997).表情および状況手がかりからの他者感情推測.教育心理学研究,45, 312-319.

ユイル,N.二宮克美・子安増生・渡辺弥生・首藤敏元(訳)(1995).パーソナリティと傾性の理解.子どもは心理学者――〈心の理論〉の発達心理学.福村出版.pp. 120-152.(Yuill, N. (1993). Understanding of personality and dispositions. In M. Bennett (Ed.), *The child as psychologist*. pp. 87-110. Harvester Wheatsheaf: Printice Hall.)

Wimmer, H., & Perner, J. (1983). Beliefs about beliefs: Representation and constraining function of wrong beliefs in young children's understanding of deception. *Cognition*, 13, 103-128.

Column

●この研究を始めたきっかけは？

　卒業論文のテーマは「心の理論」の発達でした。その調査を行うため，保育園で園児とラポールの形成をしていました。すると，年少児クラスでいざこざが起きた時，子どもがある他児に嫌な事をされたにもかかわらず，しばらくすると，何事もなかったかのように子どもはその他児と再び遊び始めたのです。それを見て，「あれ？幼児期の子どもはさっきされた嫌な事を根にもったりしないのかな？」と疑問をもったのがこの研究を始めたきっかけです。

●一番工夫した点は？

　人とのやりとりの中で感情は体験され，その体験が感情の理解の基盤であるという考えをもっています。ですので，子どもが自分の体験にもとづいて考えを出せるような実験課題を作る必要があると思いました。

　そこで，日常の子どもたちの観察をし，他児とのやりとりの中で多く起きていた，物を壊されるという出来事を物語にしようと決めました。

●一番苦労した点は？

　綿密に質問を考え，そして「子どもがああ答えたらこう解釈できて……」という想定を立てて実験を行うのですが，幼児期の子どもに対して感情の理解といった内面にかかわる研究をすると，実験者の想定外の回答をする子どもがいます。その回答をどのように解釈したらいいのか。これを考えることが一番苦労しました。

●こんなところがおもしろい！

　苦労した点とも重なるのですが，幼児期の子どもに対して感情の理解といった内面にかかわる研究をすると，実験者の想定外の回答をすることです。そうした想定外の回答が，研究者としての自分の想定の甘さに気づかせてくれると同時に，新たな発見や仮説の生成につながります。

　また，日常で子どもと接する中で感じる素朴な疑問から研究をスタートさせることができることも，この研究のおもしろさだと思います。

9章
教える行動の発達と障害

赤木和重

リサーチクエスチョン　子どもはいつから教えるのだろう？
自閉症の子どもは教えることができるのだろうか？

　「教える」という行為は，人にとって大変ありふれた行為です。1日を振り返ってみれば，誰しも一度は，教えたり，教えられたりしているはずです。

　一方で，「教える」行為は，重要な行為でもあります。現在，世界中の文化は驚くほど急速に発展しています。携帯電話の普及速度をみれば，その急激さは一目瞭然です。このような急速な文化の発展の基盤には「教える」という行為があります。なぜなら，文化や文化を支える知識や技術を継承し，発展させていくには，「教える」ことなくしては，成立しないからです。

　もちろん「教える」行為は，なにも大人のものだけではありません。子どもでも，そして，障害があっても，教えることは可能なはずです。では，子どもたちは，いつから，どんな質の教えるという行為を発達させていくのでしょうか。

　本章では，この「教える」という行為に注目し，定型発達児および自閉症児を対象にして，教示行為の発達を概説します。

1 教示行為の発達研究はどのようにおこなわれてきたか

1) 教示行為に注目する理由

「教える」行為（以降，教示行為と呼びます）に注目する理由はどこにあるのでしょうか。ありふれた行為である分，その重要性を意識しておくことは，まわりの人に研究の意義を伝えるうえで大事になります。教示行為の発達を研究する意義は，次の3つがあると考えています。

1つは，ヒトだけが明確に教示行為を示す点です。ヒトに進化的にもっとも近い種は，チンパンジーです。チンパンジーは，ヒトと共通した社会的行動が見られることが報告されています。たとえば，困っている人を助ける（helping）行動は，チンパンジーにおいても見られることがわかってきました（Warneken & Tomasello, 2006）。ところが，教示行為は，チンパンジーには見られません。チンパンジーの子どもが，ヤシの実をうまく割れないとき，親はそれを見ていても，教えることがありません。

現在は，ミーアキャットや，ムネボソアリなど霊長類以外の動物や，カニクイザルなどでも教示行為の存在が報告されるようになってきました（Thornton & Raihani, 2008）。しかし，それを教示行為としてみなせるのかについては議論が続いています。一方，ヒトの場合は，教示行為が見られることは自明です。その意味で，教示行為は，ヒトのヒトたるゆえんを明らかにするよい切り口になります。

2つは，教示行為の発達は，社会性の発達と関係が深いからです。上手に教えるためには，他者の心を理解することが不可欠です。教えるかどうかを決める際，「答えを知っているかどうか」「うまくできていないかどうか」といった他者の心の状態を推測する必要があります（4章参照）。また，教える際には，自分の気持ちや行動を抑制する能力（3章参照）も必要なときがあるでしょう。一から百まで教えていては相手のためにならないからです。教えたいという気持ちを抑えて相手の様子を見ることも大事です。このように，教示行為は，これまで盛んに研究されてきた社会性の発達の側面と関係しています。教示行為を研究することで，社会性の発達についてより深く考えることができます。

3つは，教示行為をとりあげることは，子どもの主体性を考えることにつな

がるからです。主体性というと、大きな言葉なので意味がつかみにくいかもしれません。そこで、素朴に考えてみましょう。子どもが教えているとき、人間関係の主客のどちらになっているでしょうか。ほとんどの場合が、「主」のほうになっているでしょう。つまり、子どもが教えているとき、子どもは人間関係の主人公になっているのです。そして、きっとイキイキした顔をしているはずです。教示行為の発達をたどることは、子どもがどのように人間関係の主役になっていくのかを知ることでもあります。

2) 教示行為の定義

最初に教示行為の定義について確認しておきましょう。教えるとは、一般的には、他者の知識を高める行為です。学校教育をイメージすればわかりやすいでしょう。学校では、分数の計算の仕方や新出漢字を教えることは、まさに知識を向上させる行為です。しかし、幼児期における教示行為をふまえれば、このような定義だけでは不十分です。教える内容には、知識に加えて、技能や規範も含めたほうが適切です（Ando, 2009；木下・久保、2010）。というのも、幼児期においては、けん玉や折り紙制作などの技能的な側面にかかわる活動が多く、そこで教示行為が発生しやすいからです。また、朝、保育園に来れば最初におかばんを片づけるなど一定のルール（規範）があり、そのルールを子どもどうしで教えることもしばしば見られます。そこで、ここでは、教示行為を、「他者の知識や技能・規範を修正・向上させようとする意図的な行為」と定義しておきます。

3) 先行研究の概観

教示行為の発達は、2000年代に入るまで、いくつかの例外を除き、研究はあまり行われてきませんでした。その理由には、教えるという行為の定義が難しいため、研究が進展しにくかったことがあります（Strauss & Stein, 2002）。また、社会性の発達領域では、「心の理論」（4章参照）や共同注意（1章参照）など明確なトピックが成立しているところに研究が集中し、その枠から外れる「教える」といったテーマには注目が集まりにくかったのかもしれません。

2000年代に入り、教示行為の発達に関する研究がおこなわれるようになってきました。とくに「心の理論」が成立される4歳ころを中心に研究が行われて

います。そこでは大きくは2つの角度から研究がなされています。

1つは，子どもがどのように教えるのかを調べる研究です。よくとられる方法は，教示場面を実験的に設定して調べるものです。デイビス・アンガーとカールソン（Davis-Unger & Carlson, 2008）は，次のような研究を行いました。最初に，実験者が，ある1人の子どもにボードゲームのルールを教えました。そして，子どもがルールを覚えたことを確認した後，新しくやってきた別の子どもにゲームのやり方を教えるように指示しました。その結果，3歳半の幼児に比べ，4歳半，5歳半の幼児のほうが，言葉で説明したり，「こうやってやるのよ」とモデルを提示したり，できたかどうかを確認するなど，さまざまな教示方略をとっていることがわかりました。また，このような教示行為の発達が，「心の理論」の発達と関連しているのかについても調べられました。「心の理論」課題の成績がよい子どもは，教える時間が長かったり，友だちの誤りを修正したり，ルールを教えることが多いなど，教示行為がより精緻化していたことを明らかにしました。「心の理論」を獲得する4歳ころに，教示行為の質が変化することがわかりました。他者の心的状態を理解したり，「自分はわかっているけど相手はわかっていない」と自覚するような「心の理論」に関する能力は，教示行為の発達と関連しているといえます。

2つは，子どもが「教える」ことをどのように理解しているかについて調べた研究です。教示行為ができることと，教示行為をどのように理解しているかは別問題です。そのため，子どもが教示行為をどのように理解しているかを明らかにすることも重要です。このような問題意識から，ジブとフライ（Ziv & Frye, 2004）は，3歳から6歳の幼児を対象に，教示行為の理解について尋ねました。その結果，3，4歳児でも，知識をよりもっている人が，そうでない人よりも，教え手になることを理解していることがわかりました。教えることが生起するには，年齢や先生といった役割が第一義なのではなく，知識の理解の状態によるということも理解していました。加えて，5，6歳児の場合は，実際に教示行為が生起するかどうかは，そのような知識の差異を自覚しているかどうかであることも理解していました。

4) 先行研究が見落としているもの

このように4歳ころを中心に多くの研究がおこなわれるようになりました。

しかし，見落とされている点があります。

1つは，教示行為の発達的起源についてです。確かに，4歳ころからさまざまな教え方が可能になります。しかし，それは生後すぐに見られていたわけではないでしょう。いつごろから教示行為が見られるのかについては，検討されていません。

2つは，教示行為の高次の発達についてです。教示行為は，4歳ころに完成するわけではありません。成人になっても，教えることに関する書物がたくさん出ていることを考えれば，教示行為の発達は，生涯を通じて高次化していくはずです。であるならば，4歳以降，子どもがどのように教示行為を発達させるのかについても検討する必要があります。

3つは，障害のある子どもにおける教示行為の問題です。私の知るかぎり，海外で障害児の教示研究はとりあげられていません。国内では，井上（2002）が，自閉症児を対象に教示行為を獲得させる実践的な事例研究を行っています。しかし，障害のある子どもが，教示行為をどのように発達させていくのか，もしくは，どのように障害があるのかについて，系統的な研究はなされていないのが現状です。しかし，障害のある子どもでも，社会性の側面を発達させることをふまえれば，教示行為の発達についても検討する意義は十分にあります。

2　教示行為の発達的起源および高次な教示行為をさぐる

以上の点をふまえて，ここでは，私の研究を3つの側面から紹介します。1つは，教示行為の発達的起源，2つは，4歳以降の高次な教示行為，3つは，障害のある子どもにおける教示行為についてです。

1）積極的教示行為

2，3歳では教示行為が可能であるという報告はなされていました（Ashley & Tomasello, 1998）。しかし，さらに幼い時期に教示行為が見られるかどうかについては，検討がなされていません。私は，1歳半ころから教示行為は可能ではないかと考え，研究を行いました（赤木，2004）。「そんな小さいころから教えることができるの？」と思われるかもしれません。確かに，1歳半という幼い時期から教えることができるのは突飛な意見に思えます。しかし，

私がこのように考えたのは，教示行為が生起するためには，最低限2つの能力が必要であり，その2つのいずれもが1歳半ころから見られるからです。
　1つは，教示行為が生起する前提として，「目の前の行為が，自分ではなく他者が行っている行為である」と理解する必要があります。そもそも「その行為は他者がしている」という理解がないと，教える行動が成立しえないからです。この種の理解は，行為主体としての自他分化とも呼ばれます（木下，2008）。行為主体としての自他分化がすすむのは1歳半からです。その証拠は，他者が泣いたり痛がったりしている場面にあります。ほかの赤ちゃんが泣いているのを見ると，1歳半ころまでは一緒に泣いてしまうことがよくあります。しかし，1歳半を過ぎると，他者を慰めるような向社会的行動が見られます（Bischof-Köhler, 1991）。この事実は，子どもが「自分ではない他者が泣いている」と行為主体としての自他を分化させていることを示しています。
　2つは，目の前でなされている行為から目標となる行為を推論する能力が必要です。教示行為が成立するためには，他者が目標とは異なる「誤った」行為を遂行しているという認識が必要です。そのためには他者の行為から目標となる行為を推論できる必要があります。このような能力も，1歳半ころから見られることが明らかにされています（Meltzoff, 1995）（2章参照）。
　このように，他者が行為をしていること，そして，その誤った行為から正解の行為を推論できることの2つが理解できる1歳半ころから，教示行為が見られるのではないかと考えました。そして，この起源となる初期の教示行為を積極的教示行為（active teaching）と名づけました。
　1歳0カ月から1歳11カ月の子ども43名を対象に，次のような実験を行いました。はめ板と呼ばれる図9-1のような道具だけを用いたシンプルな実験です。実験者（筆者）が，1歳児の目の前で，円板を四角の孔にはめようとして，「あれ，入らない」と言いながら四角孔に入れ続ける様子を見せるというものです。その結果，図9-2に示すように，1歳7カ月までの子どもは，そのほとんどが，自ら円板を触って自分ではめようとしました。つまり，実験者に教える行為は見られませんでした。一方，1歳8カ月から1歳11カ月の子どもは，その半数以上が，自分で円板を触らず，円孔を指さしました。さらに，このような指さしをした子どもが，同時に他者に働きかけたかについても調べました。すると，その子どもたち全員が，実験者を見ていたり，また，「ココ」と発話

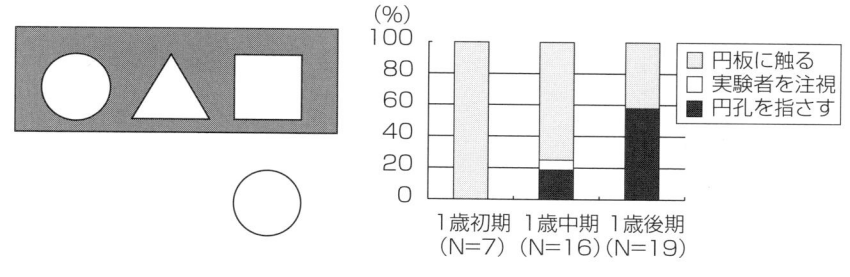

図 9-1 赤木（2004）で用いられた道具

図 9-2 積極的教示行為を問う課題の結果
（赤木，2004 より）

をともなったりしていたのです。つまり，単に正解となる孔を指さすだけでなく，それを他者に伝えようとする意図があったといえます。この結果から，1歳半ころを境に教示行為が見られることが示されました。

2) 教えないという教え方

4歳以降の高次な教示行為がまだ十分には，検討されていないことを指摘しました。では，高次な教示行為には，どのようなものがあるのでしょうか。その1つに，「教えないという教え方」があります。教えないで教えるというのは，一見矛盾しているように思えます。しかし，成人の場合，対象者の状況によってはあえて「教えない」こともあります。教えないほうが，他者の技術や知識獲得にとっては効果的なこともあるからです。このような教え方の重要性は，『「教えない」教育』という書物が出ていることに端的に示されます（野村，2003）。また，教えないという教え方が生起するためには，教えたいところをがまんする抑制能力や，「もう少ししたら相手ができるようになるだろう」といった時間的に少し先の他者の心的状態を予測する能力が求められます。このような能力は4歳では十分に見られません。

そこで，幼児（5，6歳児）24名，および小学生（2，4，6年生）183名を対象に，教えない教え方がいつごろから可能になるのかを調べました（赤木，2008a；赤木・野村，2007）。幼児に対しては個別面接で，小学生には質問紙調査の形式で一斉に尋ねました。図9-3のような（1）から（3）へと進むストーリーを用いました。次のような教示を出しながら質問を行いました。
（1）友だちのひろこさんが折り紙で紙飛行機を作ろうとしています。

9章 教える行動の発達と障害　● 153

(1)

(2)

(3)

(4)
①: つくりかたを おしえてあげる

②: そっとみている　③: ひろこさんには かまわず遊びに行く

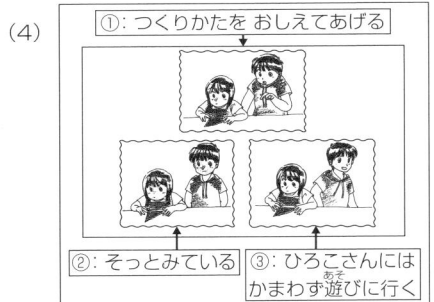

図9-3　「教えないという教え方」に関するストーリー図版

（2）ところが，ひろこさんは紙飛行機を作ることができなくて困っています。あなたは紙飛行機の作り方を知っています。
（3）ひろこさんはがんばって作っています。少しずつですが，紙飛行機ができてきました。

そうして，（4）のところで，「このときあなたならどうしますか？ ①つくりかたをおしえてあげる，②そっとみている，③ひろこさんにはかまわず遊びに行く」と尋ねました。

その結果，5歳児，6歳児，小学2年生は，多くの子どもたちが「教える」を選び，「そっとみている」を選んだ子どもは，どの学年も20％以下でした。ところが，小学4年生になると約40％，6年生になると約60％の子どもたちが「そっとみている」を選択しました。また「そっとみている」を選んだ子どもたちに，なぜこれを選んだのかを聞いてみました。すると，そのうち約半数が，「自分が身につくので，そっと見ていてどうしてもわからないのなら，つくりかたをおしえてあげる」「がんばってるから，達成感をもたせてあげようと思うから」といった他者の心的状態を配慮した内容を書いていました。これらの結果から，「教えないという教え方」は小学校4年生，すなわち9歳，10歳ころから可能になっていくことが示唆されました。

3) 自閉症児における教示行為

前述したように，障害のある子どもにおける教示行為の発達については，系統的な研究がなされていません。そこで，定型発達児において，1歳半ころから示される積極的教示行為，および，9，10歳ころから見られる，教えないという教え方のそれぞれについて，障害のある子どもが可能かを調べました。その際，とくに自閉症スペクトラム障害（以下，自閉症とする）の子どもを対象としました。自閉症とは，発達障害の1つであり，生得的に脳機能の働きに困難があります。自閉症の子どもには，次の2点が共通してみられます。1つは，コミュニケーションの障害です。他者の表情から感情を推測することや，言外の意味を理解することに困難を示します。2つは，こだわりがみられることです。その中身はさまざまですが，たとえば，いつも身体を揺さぶるなどの常同行動，数字の並びや車のエンジンの種類など，ある特定の領域に強い関心を示す傾向があります。また，自閉症のうち，IQが70から85以上であり知的に遅れを示さない場合，**高機能自閉症**もしくは**アスペルガー症候群**と呼ばれます。

Key Words

▶**高機能自閉症・アスペルガー症候群**（high-functioning autism, Asperger syndrome）➡155ページ

　高機能自閉症・アスペルガー症候群ともに，知的障害がない自閉症の範疇にはいります。しかし，両者は，幼児期の言語発達に違いがみられます。高機能自閉症は，幼児期に発話がみられにくいなど言葉の遅れを示すのに対し，アスペルガー障害は，言葉の遅れがみられません。学童期以降になると，両者の状態には大きな差がみられないとする意見が大勢をしめています。

▶**特別支援教育**（special needs education）➡161ページ

　これまでの特殊教育という語に代わるものとして使われるようになった用語です。2001年に文部科学省が，特殊教育課という部署を特別支援教育課へと名称を変えたのが最初とされます。変更になった背景には，従来の特殊教育で対象としていなかった，高機能自閉症，ADHD，学習障害などの障害のある子どもを特別な教育的支援の対象に加えようとした意図があります。

コミュニケーションに困難をもつ自閉症児は，ほかの障害のある子どもよりも，教示行為の発達には困難をもちやすいでしょう。だからこそ，自閉症の子どもが，教示行為を発達させることができるのであれば，ほかの障害のある子どもでも十分に教示行為を獲得する可能性が高いといえます。

　知的障害のある自閉症幼児36名に対して，1歳児に対して実施した課題を実施し，積極的教示行為を示すかどうかを検討しました（Akagi & Nakajima, 2007）。知的障害の程度にわけてグループ分けを行いました。その結果を，図9-4に示します。重度の知的障害のあるグループ（18名，平均発達年齢23カ月）では，およそ半分が自分で円板をとる行動をとりました。また，定型発達児にはみられなかった「無関心」を示す子どもが2割いたことも特徴的でした。一方，軽度の知的障害があるグループ（18名，平均発達年齢40カ月）は，約半数が円孔を指さす行動をとりました。また，指さしをした自閉症の子どもたちは，そのほとんど（12名中11名）が，実験者を見たり，発話が出されるなど何らかの形で実験者を意識していました。この結果は，自閉症幼児においても，積極的教示行為が生起することを示しています。

　また，同じ課題を知的障害のある青年期の自閉症者に対して実施したところ，同様に，積極的教示行為を示す結果が見られました（赤木，2008b）。このことから自閉症児に教示行為が見られることは，信頼性の高いものといえます。

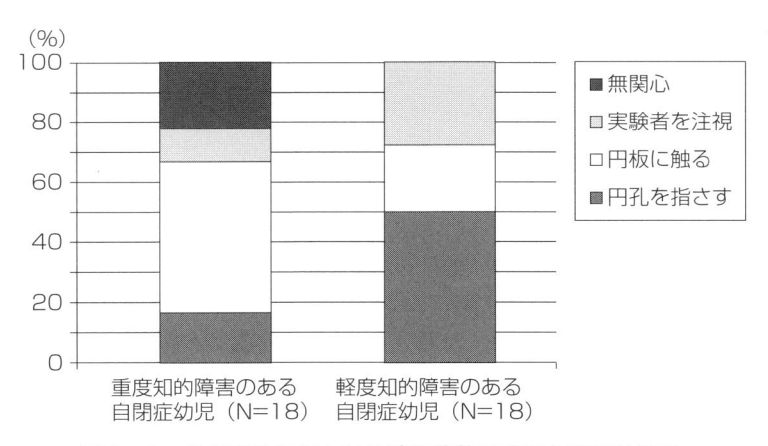

図9-4　自閉症幼児における積極的教示を問う課題の結果
(Akagi & Nakajima, 2007を改変)

自閉症の子どもは，他者に何かを教えるという事実は，研究・実践双方のレベルでほとんど報告されていないことをふまえれば，貴重な結果です。ただし，定型発達児に比べると，積極的教示行為の獲得が遅れることも明らかになりました。定型発達児は，1歳半ころから教示行為を示すのに対して，自閉症幼児では，発達年齢が2歳ころでは見られにくく3歳を過ぎなければ難しかったのです。教示行為の獲得が遅れる理由としては，発達年齢だけでは反映されないコミュニケーションや他者理解の遅れなどが影響していると考えられます。

　次に検討したのは，自閉症の子どもにおいても「教えないという教え方」が可能かどうかです。7歳から15歳の高機能自閉症児18名（平均生活年齢12歳）を対象に，定型発達児に実施したものと同じ課題を実施しました（赤木・野村, 2007）。その結果，2つの事実が明らかになりました。

　1つは，高機能自閉症児においても「そっと見守る」を選択したものがおよそ4割に見られたことでした。このことは，高機能自閉症の子どもも，友だちが困っていればすぐに教えるという行動をとるだけではないことがわかります。

　2つは，しかし，その「見守る」を選択した理由が，定型発達児とは異なっていたことでした。定型発達児は，前述したように，その半数が「相手のために」という他者の成長を意識していました。ところが，高機能自閉症児の場合は，そのような他者の成長を意識した理由は1名のみでした。ほかの子どもは，「後で文句を言われたら困るから」とか「できそうだし」といった他者の成長を意識したとはいえない理由で選んでいました。

　この結果は，厳しくみれば，高機能自閉症児は，「教えないで教える」という方略をとりきれていないことがわかります。「教えないで教える」というのは，今の他者の様子を理解するだけでなく，時間的な軸のなかで他者の行為を理解する必要がある高度な行為です。そう考えると，自閉症児にとっては，困難であるのかもしれません。

4）　教示行為研究のまとめ

　ここまで私が行ってきた研究でわかってきたことを3点にまとめます。1点目は，定型発達児の場合，1歳後半という早くから，積極的教示行為を示すことです。もちろん，この時期の教示行為は，プリミティブなものです。他者の知識や技能の向上を明確に意図した行為とまでは呼べないでしょう。むしろ，

木下・久保（2010）が指摘するような「目標とする行為に修正する」水準での教示行為です。しかし，それでも，チンパンジーが成人になってもこの種の教示行為を示さないのに対し，ヒトの場合，1歳半という幼児から教示行為を示すのは，興味深いことです。

　なぜ，ヒトは，早くから教示行為を示すのでしょうか。この点については，まだわかっていません。しかし，今のところ2つの理由があるのではないかと考えています。1つは，利己的な動機です。自分の知っていることを他者に伝えたいという動機から，教えるというものです。他者の知識を向上させたいという利他的な理由ではありません。そう考えると，積極的教示行為は，自分の知っていることを伝えているうちに「結果として」教える行為が成立しているのかもしれません。2つは，他者の行為や感情に巻き込まれてしまうという側面です。1歳代，2歳代の子どもたちを見ていると痛感するのですが，彼らは，他者が困っている，泣いている様子を見て平然としていられません。教えたい，助けたいという以前に，その感情に巻き込まれているのです。「巻き込まれる」というと自己がしっかりしていないというような否定的なニュアンスでとられるかもしれませんが，しかし，その巻き込まれこそが結果として，教える行為を引き出す基盤となっているかもしれません。

　2点目は，「教えないという教え方」は，小学4年生という時期から見られ始められることです。なぜ，小学4年生の時期に変化が見られるのかを考えるには，この時期の自他関係の発達的特徴を知る必要があります。小学3，4年生という時期は，発達心理学では古くから「9歳，10歳のふし」と呼ばれるように発達の質的転換期と言われてきました。自他の心の理解についてもあてはまります。この点に関して，楠（2009）は，この時期から相互的な関係理解が深まるとしています。相互関係的な理解とは，ある物語のなかで対立する2人の登場人物のうち一方だけの視点から理解するのではなく，「相手をたたいたAちゃんは確かに悪いけど，でも，Bちゃんが先にちょっかいかけたのもよくないよね」と，両者の関係をふまえて他者の心を理解しようとすることです。このような9，10歳の自他関係の特徴をふまえれば，「教えないという教え方」が小学4年生から増加するのもうなずけます。「教え手は，相手が困っているので教えたい」でも「学び手は，もうすぐできそうだ。それに自分でできたほうがうれしいだろう」という両者の相互関係をふまえたうえで「そっと見守

る」を選択しているものと思われます。

3点目は，自閉症児においても，教示行為の発達は見られることです。とくに積極的教示行為については，発達的にやや遅れるものの，見られることがわかりました。この事実は，他者理解をそれほど必要としないプリミティブな教示行為については，自閉症児でも可能であるということを示唆します。近年，自閉症児が障害を受けているとされる「心の理論」や共同注意行動は，獲得不可能ではなく，発達レベルが上がるにつれ可能であるという報告もなされるようになってきています。このように考えれば，社会的行動の1つである教示行為が獲得されることもうなずけます。

ただし，一方，「教えないという教え方」については，その行為の理由まで含めて考えると，高機能自閉症児においては，見られるとまではいいきれないことが明らかになりました。高次の他者理解が必要な教示行為については，自閉症児にとっては，少なくとも学童期では難しいといえます。

3　今後の展望と教育へのヒント

1) これからの研究テーマは？

ここまで読んだ方のなかには，「もう教示行為の発達研究はやりつくされたのではないの？」と思われた人がいるかもしれません。しかし，実態はむしろ逆です。研究をはじめてみると，まだまだ手つかずの領域が残っていることがよくわかります。残されたテーマの一例をあげてみましょう。

1つは，幼児期・児童期に獲得される教示行為の内容をさらに検討することです。本章では，「教えないという教え方」についてとりあげました。しかし，ほかにも，教え方はあるはずです。「教えられることで教える」という教示行為です。

大人は，子どもに教える際，しばしば「おっちゃん，この名前，わからないわ。教えてくれる？」などと言います。直接，子どもに教えるのではなく，あえて子どもを教え手にさせるような構造をつくりだすのです。そのほうが，子どもの理解が進むという判断からです。このような高次な教え方を，子どもはどのように理解し，また行えるようになるのかを検討することもおもしろいでしょう。

残されているテーマの2つ目は，「教えることでどのような力がつくのか」というものです。経験的には，「教えられるよりも教えたほうが力がつく」と言われます。確かに，物事をよく理解していないと上手に教えることができません。また，自分の伝えたいことを伝えれば，上手に教えることができるわけではありません。他者が理解できるように教える必要があります。教えることで，子どもたちはなんらかの能力――課題内容の理解，他者理解，言語説明の能力――を身につけていくことが予想されます。また，自分が教えるという「主」の役割を担うことによって，自尊感情なども身につくことが予想されます。このようなテーマは，とくに障害のある子どもの実践を考えるうえで重要です。教示行為を軸に，言語能力や自尊感情を高めていくような実践がどのように可能になるのかを考えることも興味深いテーマです。

2）　教育への示唆

　紹介してきた教示行為の発達研究の知見は，子どもの能力をすぐに伸ばす方法を提供していません。そういう意味では，子どもの教育に直接役に立ちません。しかし，直接，役に立つこととは別の示唆を与えることができると考えています。それは，教示行為の発達の道すじを知ることで，子ども観・実践観を転換させる1つの契機になることです。プリミティブな形であれば，1歳半から子どもは教えることができました。また，自閉症の子どもたちも，定型発達児に比べると遅れたり，質は異なるものの，教えることが可能になっていることがわかりました。このことは，子どもは，早くから，かつ障害があっても，教えられるだけではなく，教えることのできる存在であることを証明しています。そう考えれば，「大人がいかに教え，能力を伸ばすか」という視点からだけでなく，「子どもの教える力をいかに引き出すか」という点から，実践を問いなおすことができるのではないでしょうか。

　とくに障害のある子どもの場合，「教えないと力はつかない」と考えたり，「大人がいかに上手に教えるか」という発想になりがちです。確かに障害のある子どもは，定型発達の子どもに比べると，できないことが多いのは事実です。熱心に指導すればするほど，子どもに1つ1つ直接教えようとする傾向が強くなります。しかし，それは，一方で，子どもを受け身にさせてしまう可能性もあります。この問題を考えるうえで示唆的なのが，指示待ち行動です。指示待

ち行動とは、指示がないと自発的に動けなくなる状態のことをさします（赤木，2007）。自閉症に見られやすい問題行動の1つであるとされます。このような行動が見られる理由はさまざまですが，1つには，「教え込む」ことが原因であると考えられます。

障害のある子どもでも，教える行動が見られることをふまえれば，1つ1つの行動を教え込むのではなく，子ども自身が他者に積極的に働きかけることができる・教えることができるといった見方をもったり，意識して日々のかかわりを行ったりすることができるのではないでしょうか。たとえば，ほかの子どもができなくて困っているときに，先生がすぐに手助けしたり教えたりするのではなく，別の子どもに助けるように求めることや，先生があえて子どもに教えてもらうようにして，子ども自身の力を引き出すなど，日々のかかわりのなかで工夫ができます。このようなかかわりの変化は，ちょっとした些細なことかもしれませんが，しかし，その積み重ねこそが，子どもの発達を豊かにするうえで大きな意味をもってくることでしょう。

もちろん，視点を変えるだけでなく，子どもが教える場面をどのように引き出すのかに焦点をあてた具体的な実践を創っていくことも大事です。教示行為を軸にした**特別支援教育**の実践は，ほとんど展開されていません。しかし，その萌芽を，ある小学校の特別支援学級の教育実践において確認することができます（村上・赤木，2011）。小学校・特別支援学級で長年教師をしていた村上公也先生は，障害のある子どもが教えることを重視して授業を行っています。

図9-5　先生役になる子ども
(村上・赤木，2011より)

たとえば，図9-5のように，子どもが教壇にたってほかの子どもを教えあう指導スタイルを重視しています。子どもが教壇に立つ割合が授業時間の半分以上を占めることもしばしばあります。このような子どもが教え手になることを軸にした教育実践が，あらたな特別支援教育の可能性を拓いていくことにつながると思いますし，また，基礎研究と教育実践とのつながりを考える契機になるはずです。今後は，このような先駆的な実践をより実証的に検討していくことが，課題になるでしょう。

文献

赤木和重（2004）．1歳児は教えることができるか：他者の問題解決困難場面における積極的教示行為の生起．発達心理学研究, **15**, 366-375.

赤木和重（2007）．言語確認行動を頻発し，指示待ち行動を示した青年期自閉症者における自我の発達：自他関係の構造に注目して．障害者問題研究, **34**, 267-274.

赤木和重（2008a）．幼児における抑制的教示行為の発達：「教えないという教え方」は可能か．発達研究, **22**, 107-115.

赤木和重（2008b）．知的障害のある青年期自閉症者における積極的教示行為の発達と障害：行為主体としての自他分化に注目して．三重大学教育学部研究紀要, **59**, 163-176.

Akagi, K., & Nakajima, R. (2007). Can children with autism teach others? Paper presented at 13th European Conference on Developmental Psychology.

赤木和重・野村香代（2007）．高機能自閉症児は「教えないという教え方」ができるか．日本特殊教育学会第45回大会発表論文集, 477.

Ashley, J., & Tomasello, M. (1998). Cooperative problem-solving and teaching in pre-schoolers. *Social Development*, **7**, 143-163.

Ando, J. (2009). Evolutionary and Genetic Bases of Education: An Adaptive Perspective. 教育心理学年報, **48**, 235-246.

Bischof-Köhler, D. (1991). The development of empathy in infants. In M. E. Lamb & H. Keller (Eds.), *Infant development: Perspectives from German-speaking countries*. pp.1-33. Hillsdale, NJ: Erlbaum.

Davis-Unger, A. C., & Carlson, S. M. (2008). Development of teaching skills and relations to theory of mind in preschoolers. *Journal of Cognition and Development*, **9**, 26-45.

井上雅彦（2002）．自閉症児における役割交替手続きによる教示言語行動の形成と反応分化．発達心理臨床研究, **8**, 9-18.

木下孝司（2008）．乳幼児期における自己と「心の理解」の発達．ナカニシヤ出版．

木下孝司・久保加奈（2010）．幼児期における教示行為の発達：日常保育場面の観察による検討．心理科学，**31**（2），1-22．

楠　凡之（2009）．7〜9，10歳の発達の質的転換期．白石正久・白石恵理子（編）教育と保育のための発達診断．全障研出版部．pp. 159-177．

Meltzoff, A. (1995). Understanding the intentions of others: Re-enactment of intended acts by 18-month-olds children. *Developmental Psychology*, **31**, 838-850.

村上公也・赤木和重（2011）．キミヤーズの教材・教具：知的好奇心を引き出す．クリエイツかもがわ．

野村幸正（2003）．「教えない」教育：徒弟教育から学びのあり方を考える．二瓶社．

Strauss, S., Ziv, M., & Stein, A. (2002). Teaching as a natural cognition and its relations to preschoolers' developing theory of mind. *Cognitive Development*, **17**, 1473-1787.

Thornton, A., & Raihani, N. (2008). The evolution of teaching. *Animal Behaviour*, **75**, 1823-1836.

Warneken, F., & Tomasello, M. (2006). Altruistic helping in human infants and young chimpanzees. *Science*, **311**, 1301-1303.

Ziv, M., & Frye, D. (2004). Children's understanding of teaching: The role of knowledge and belief. *Cognitive Development*, **19**, 457-477.

Column

●この研究を始めたきっかけは？

　大学院生のころ，いろんな研究会で実践報告を聞いていて違和感を覚えたのがきっかけでした。その違和感を一言で言うと，「いかに大人が上手に子どもを教えるのか」といった実践の「主語」が大人になっている気がしたのです。そこで，子どもが「主語」になれる見方を提供するような発達研究をしたいと考え，子どもが教える研究をしようと思い立ちました。

●一番工夫した点は？

　1歳児を対象とした研究では，自発的に子どもが教えてくれるような設定をつくることを工夫しました。子どもに「教えてください」といって教えることを求めるのは，不自然です。そこで，1歳児でも簡単に行為の意味が理解できるはめ板を用い，そのはめ板を子どもの目の前で大人がやって見せることにしました。はめ板は，子どもにとって慣れ親しんだおもちゃですし，1歳を過ぎると，どこの孔にはめるかが理解できるようになることから，メリットがあると判断し，採用しました。

●一番苦労した点は？

　研究に協力してくれる子どもとの関係をつくることに苦労しました。私の研究では，子どもが自発的に私にかかわってくれないと課題が成り立ちません。しかし，どの子どももすんなり関係をつくってくれませんでした。男性（もしくは私）が苦手な1歳の子どもや自閉症児がいましたので，どの子どもとも楽しく遊べることに苦労しました。もっとも，このおかげで，子どもと遊ぶ機会が多くもて，子どもの発達の多様な側面を知ることができました。

●こんなところが，おもしろい！

　私の研究を聞いてくださった方がおもしろいと言ってくださることにはたいてい共通することがあります。それは，子どもの見方を変える研究だというところです。教えるというのは，大人に特権的な行為のように思えます。それが，1歳という幼い子どもや，知的障害のある自閉症児においても教えることができるというのは，子どもの見方を変えていく一つの視点を与えることになるかなと感じます。

Ⅳ部
社会性の発達を支える認知能力

10章
子どもが「うん」と言ってしまう不思議

大神田麻子

リサーチクエスチョン Q 子どもは大人の意図どおりに質問を理解しているのか？
年齢によって，「うん」の意味が違う？

質問はわたしたちが日常的に行っているコミュニケーション方法の1つです。わたしたちは大人同士だけでなく，子どもにも質問をしますが，就学前児には大人の意図どおりに質問を理解して，かつ自分の考えていることや知っていることをきちんと伝えることが難しい場合があります。その例として，反応バイアスの1つで，「はい／いいえ」質問（以下，YN質問）に「はい」という回答の偏りを示す肯定バイアス（yes bias）という現象があげられます。たとえば子どもに赤いりんごを見せて「これは赤？」と聞いた場合，「うん」という返答が得られるとします。すると大人は当然，子どもが「りんごは赤い」と思っていると考えます。しかし，「これは緑？」とわざと意地悪な質問をした場合にも，2〜3歳頃の子どもはやはり「うん」と答えてしまうことがあるのです。

発達心理学研究ではYN質問がよく用いられていますし，保育園や幼稚園では保育者や教育者が子どもにさまざまな質問をしていると思います。本章では何歳ぐらいの子どもがどういったYN質問に反応バイアスを示すのかについて調べた研究を紹介し，また，なぜ子どもが反応バイアスを示すのかについて考えたうえで，子どもの考えていることをいかに正しく引き出すかについて議論したいと思います。

1　子どもの「はい／いいえ」質問への答え方

　読者のみなさんは，誰かの質問に，ついつい「はい（うん）」と答えてしまったこと——たとえば英語での問いかけがよくわからないときや，部活の先輩に同意を求められたとき，あるいはその場の雰囲気を壊さないために「YES」や「はい」と言ってしまった経験はありませんか？　前者の例は反射的なうなずきとしての「YES」や「はい」だと思いますが，後者の二例は相手と自分との社会的関係や，その場の会話の文脈を考慮した結果の「はい」であることが多そうです。では，子どもの場合はどうでしょうか。子どもは，大人が思っているとおりに大人の質問を解釈し，自分の考えや思いを正しく質問者に伝えることができるのでしょうか。大人と同じように，相手との社会的関係や，質問の文脈を考慮して，「はい」か「いいえ」の選択ができるのでしょうか。これは，YN 質問をよく用いている発達心理学研究にとって，非常に重要な問いかけです。

　これまでのさまざまな発達心理学研究の結果より，3 歳ぐらいまでの子どもにおいては，どうやらそうではないことが言えそうです。たとえば，見かけは石だけれど本当はスポンジという欺き物を子どもに見せて，「これは本当は何？」と「これは何に見える？」という質問をする見かけと現実の区別課題（appearance-reality distinction task, e. g., Flavell, Flavell, & Green, 1983, 12 章も参照）では，3 歳児は最初に答えた回答に固執する傾向を見せます（Flavell, Flavell, & Green, 1983; Flavell et al., 1986; Flavell, Zhang, Zoui, Dong, & Qi, 1983; Sapp et al., 2000）。この結果は，3 歳児が見かけと現実の区別ができない証拠とされてきました。しかし，近年になって，3 歳児は見かけと現実の区別ができないのではなく，2 つの質問を異なる回答を求める異なる質問と認識しておらず，同じ回答を繰り返しているのではないかということが指摘されるようになりました（e. g., Siegal, 2008）。実際に上記のような言語質問を使わず，子どもにいくつかの選択肢の中から実験者が要求するもの（たとえば「こぼれた水を拭きたいからスポンジを取ってくれる？」）を選ばせる課題では，3 歳児は正しい物を選択することができています（Sapp et al., 2000）。

　前述したように，発達心理学の分野では，こうした質問手法が頻繁に使われ

てきています。たとえばフリッツリーとリー（Fritzley & Lee, 2003）は，この分野の国際学術雑誌である *Child Development* と *Developmental Psychology* に1995年から1998年の間に掲載された1360本の論文を調べて，2～6歳児を対象とした509本のうち74％にあたる377本が質問手法を用いていること，さらにそのうちの43.3％がYN質問を用いていることを報告しています。それにもかかわらず，これまで子どもの質問の答え方に関する研究はあまり行われてきませんでした。

　フリッツリーとリー（Fritzley & Lee, 2003）はこの問題を明らかにするために，2～5歳児が親近性の高い身近な物（たとえば青りんご）と親近性の低い身近でない物（たとえばコーヒーフィルター）の特性や機能に関する単純なYN質問に肯定バイアスを示すか検討しました。この実験では，1つの物について「はい」が正しい回答の質問が2つ，「いいえ」が正しい回答の質問が2つありました。たとえば青りんごについて「これは食べるもの？」という質問が前者，「これは赤い？」という質問が後者です。また彼女らは，回答可能質問に対して回答不可能質問も用意しました。これら回答不可能質問は，質問中の単語のスペルを入れ替えるなどして無意味語をつくり，「これは der (red)？」などと聞くものでした。さらに，物を見せてから1週間後に質問をする遅延条件なども設定し，4つの実験を行うことで，体系的に就学前児の肯定バイアスを調べました。

　フリッツリーとリー（Fritzley & Lee, 2003）が遅延条件を入れたのは，それまでの肯定バイアスに関する先行研究が，主に子どもを対象とした法廷インタビューで使われる質問形式の妥当性を検討するものであったためです。法廷で聞かれることは過去についての質問なので，これと似た状況を作り出すために，先行研究の実験でも出来事から質問までに時間を設けることが多かったようです。たとえばある出来事を子どもの前で見せ，そのことについて質問したり（Peterson et al., 1999; Waterman et al., 2001, 2004），子どもが実際に経験した事故に関して質問をした場合もあります（Peterson & Bell, 1996; Peterson & Biggs, 1997）。しかしすべての研究が遅延条件を用いていたわけではなかったので（Brady et al., 1999），フリッツリーとリー（Fritzley & Lee, 2003）は記憶の要因が子どもの肯定バイアスに影響するかどうかについても調べたようです。

　彼女らの結果は，以下のようになりました。2歳児はいずれの条件の場合に

も一貫して強い肯定バイアスを示しました。3歳児は条件によって肯定バイアスを示す場合と示さない場合があることから，移行期であるとされました。4～5歳児は回答可能質問にはどのような反応バイアスも示しませんでしたが，回答不可能質問には否定バイアスを示し，1週間後のインタビュー時にはどちらの質問にも否定バイアスを示しました。記憶の要因は回答可能質問をされた4，5歳児にとくに影響するもののようでした。また，実験3では実験1と2とは異なった対象物を使用し，肯定バイアスが特定の物に特化して見られるわけではないことを立証しています。さらに子どもの肯定バイアスは身近でない物について聞いたときのほうが強いこともわかりました。フリッツリーとリー（Fritzley & Lee, 2003）はこれらの結果をふまえて，YN質問は2～3歳児には相応しい質問ではなく，4，5歳児については質問の内容が理解できているということを確認できるのであれば，発達研究で使うことができるのではないかと結論づけています。

彼女たちの研究は，これまでほとんど検討されてこなかった子どもの肯定バイアスの発達的変化を体系的に明らかにした重要な研究です。しかし，これはカナダで行われた研究であるため，英語以外の言語を話すほかの国で同じ結果が得られるかについて疑問が残りました。そこでわたしたちはフリッツリーとリー（Fritzley & Lee, 2003）の実験のうち，身近な物と身近でない物の機能と特性に関する回答可能なYN質問を遅延なしで聞く実験を東洋の日本とベトナムで行い（Okanda & Itakura, 2008），その後，別の西洋の国であるハンガリーで行いました（Okanda et al., 2012）。その際に使った物は，身近な物が赤いりんご，青いプラスチックのコップ，絵本，身近でない物がプラスチックのコーヒーフィルター，靴べら，CPUでした（図10-1）。質問者はそれぞれの国の言語のネイティブスピーカーで，2～5歳児を対象にこれらのYN質問を聞いたところ，カナダの子どもと同様に，日本，ベトナム，ハンガリーの2歳児は，質問の対象物が身近かそうでないかにかかわらず，強い肯定バイアスを示しました。一方，3歳児の結果はカナダ国内だけでなく，それぞれの国の間で一貫しない結果が得られました。日本とベトナムの3歳児は肯定バイアスを示しましたが，ハンガリーの3歳児は身近な物の質問にのみ肯定バイアスを示しました。

さらに，4歳以上の子どもの結果には文化差が見られるなど，複雑な結果が

得られました。カナダの4，5歳児は回答可能質問には反応バイアスを示しませんでしたが，日本とベトナムの4歳児（Okanda & Itakura, 2008）と日本の4，5歳児（Okanda et al., 2012）は同様の質問のうち，身近な物に関する質問に肯定バイアスを示し，ハンガリーの4，5歳児は身近でない物に関する質問に否定バイアスを示しました（Okanda et al., 2012）。また，わたしたちは日本の子どもの研究を何度も行ってきていますが，年長児の結果は毎回同じではありませんでした。日本の年長児は，身近な物に肯定バイアスを示さないときもありましたし（Okanda & Itakura, 2011），身近でない物に否定バイアスを示すとき（Okanda & Itakura, 2008, 2011）と示さないとき（Okanda & Itakura, 2010b; Okanda et al., 2012）もありました。また，カナダ以外の子どもの肯定バイアスは身近な物においてより強いこともわかりました。ベトナム，日本，ハンガリーの結果は図10-2に示しています。得点がゼロより高いほど強い肯定バイアスを，低いほど否定バイアスを示しています。

　さらにわたしたちは2～5歳の日仏バイリンガル児の肯定バイアスを調べました（Okanda & Itakura, 2010a）。使用した対象物は先述した研究と同じで，日本語で質問をしたところ，日仏バイリンガル児は実際の年齢である生活年齢にかかわらず肯定バイアスを示し，言語能力を調べる絵画語い発達検査（上野ほか，1991）の成績が低い子どもほど強い肯定バイアスを示しました。肯定バイアスとほかの認知能力との関連については後述しますが，YN質問に正しく答えるためには，生活年齢に加えて，言語能力の発達も必要といえそうです。

　付け加えると，フリッツリーとリー（Fritzley & Lee, 2003）は，カナダの2～5歳児がYN質問の回答がわからない場合に「わからない」と答えるかどうかについても検討しています。その際に質問者が「わからない

図10-1　実験に使用した身近な物（上の列）と身近でない物（下の列）

10章　子どもが「うん」と言ってしまう不思議　●　171

場合にはわからないと答えても良い」と教示した場合でも，カナダの子どもが「わからない」と答えることはほとんどありませんでした。もともと英語圏の子どもはYN質問に「わからない」と答えることはあまりないようで，たとえばその質問が「赤は黄色より重い？」といったおかしなものであったり（Hughes & Grieve, 1980; Pratt, 1990; Waterman et al., 2000），イベントや紙芝居について見聞きしていないことを聞く質問でも同じでした（Waterman et al., 2001, 2004）。そして英語圏では子どもだけでなく，大人も同様の状況で「わからない」とはあまり答えないことが報告されています（Pratt, 1990; Waterman et al., 2001）。カナダ以外の子どもを対象とした研究では，回答不可能質問の検討を行っていませんが，わたしたちの日本の研究では（Okanda & Itakura, 2008），とくに身近でない物について，年長児は「わからない」という反応を示すことがあり，さらに，2歳児は質問者に何も答えないという反応を見せました。また，2～5歳の日仏バイリンガル児の場合は，観察数は少ないですが，身近でない物について聞かれたときに「わからない」や何も答えない反応，また何か別のことを答える反応（たとえば赤りんごについて「これは腐っている？」と聞いた場合に「それはりんご」と答える）を示しました。これらのことから，日本の文化に接している子どもは，YN質問の回答がわか

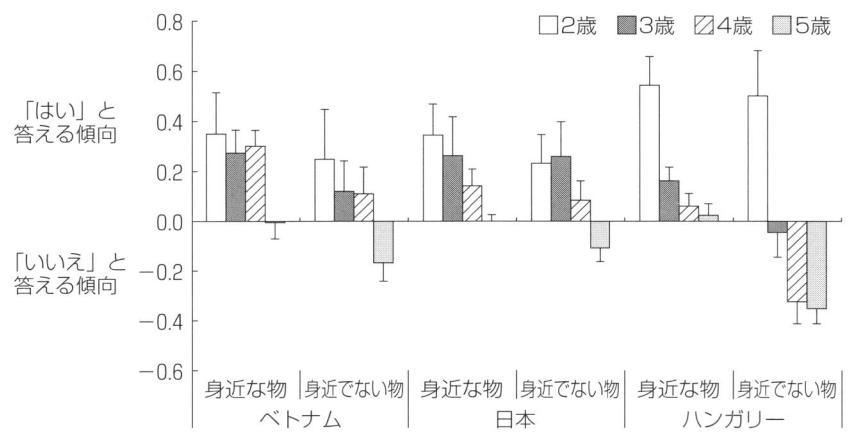

図10-2　ベトナム，日本，ハンガリーの2～5歳児のYN質問に対する反応傾向（Okanda & Itakura, 2008; Okanda et al., 2012）

らない場合に「はい」か「いいえ」とはっきり言うことを避ける可能性が出てきました。しかし，この傾向はその後の日本の子どもを対象とした同様の研究で顕著に見られていないので（e. g., Okanda & Itakura, 2010b; Okanda et al., 2012），今後，回答不可能質問の検討を行って，さらなる議論をしてみたいと思っています。

2　どうして「うん」なのか

　前節で紹介してきた複数の国の結果より，2，3歳児（とくに2歳児）は物の特性や機能に関する質問に対して普遍的に肯定バイアスを示しますが，4歳以上から徐々に文化差を示すようになることがわかってきました。この結果から，年少児には肯定バイアスを示す何らかの共通の要因があると考えられます。しかし年齢が上がるにつれて，「うん」か「ううん」のどちらを答えるかについて，複雑な理由が生まれてくるのかもしれません。冒頭の例で言うと，相手につい言ってしまう「はい」が年少児の肯定バイアス，自分と相手の社会的関係や文脈によって「はい」か「いいえ」を決めるのが年長児の反応バイアスといえるかもしれません。本節では，年少児と年長児がそれぞれなぜ反応バイアスを示すのかについて，わたしたちの行ってきた研究を紹介しながら，議論していきたいと思います。

　わたしたち大人は，2，3歳の小さな子どもに，わざとお腹の空いていそうな時間に「眠たい？」と聞いて，「ううん」と言わせようとするでしょうか。むしろわたしたちは，子どもが眠そうなときに，それを察して「寝ようか？」と聞くのではないでしょうか。そのため，年少児は大人にYN質問をされたとき，言い慣れた「うん」という反応を我慢（あるいは抑制）することができないのかもしれません。また，年少児は大人の質問を大人が思うとおりに汲み取っていない可能性も考えられます（Donaldson, 1978）。リーとエスクリット（Lee & Eskritt, 1999）は，質問に正しく答えるには，回答者は意味論や統語論，文化グループで共有されている会話ルール，どのような文脈の質問であるか（たとえば情報探索や知識探索の質問）の知識や，質問者によって言外に表現された情報を処理する必要があることを指摘しています。実際に，抑制機能は3〜5歳の間に（e. g., Moriguchi et al., 2007; Zelazo et al., 1996; Zelazo &

Müller, 2002, 3章参照), 会話理解能力も就学前期に劇的に発達します (Siegal et al., 2009; Siegal et al., 2010)。

このことについてより直接的に調べるため, わたしたちは3〜4歳児の肯定バイアスと抑制機能, 言語能力と心の理論能力との関連を調べました (Moriguchi et al., 2008)。その結果, 肯定バイアスが弱い子どもほど, 抑制機能や言語能力が高いことがわかりました。しかし肯定バイアスと心の理論との関連は見られませんでした。

また, わたしたちは年少児の肯定バイアスが認知的な問題に起因するのであれば, 年少児はどのようなYN質問にも肯定バイアスを示すはずだと考え, 3〜6歳児が物の特性や機能に関する質問(物の知識質問)に加えて, 物の好き嫌いや表情に関する質問にも肯定バイアスを示すかどうか検討しました (Okanda & Itakura, 2010b)。その結果, 3歳児はいずれの質問(ただし物の知識質問の身近でない物を除く)にも肯定バイアスを示し, その傾向は4〜5, 6歳児より強いものでした。そこでわたしたちは, 3歳児が本当は正しい知識をもっているのに肯定バイアスを示してしまうのか, それとも正しい回答を知らないために肯定バイアスを示しているのかについて検討するため, 上記の質問に肯定バイアスを示した3歳児に対して, たとえば赤いりんごと緑のりんごなど2つの物を見せて, 「どっちが赤?」や「どっちが緑?」と聞き, どちらか正答を指差してもらう課題を行いました。すると3歳児は正しい物を指差すことができました。

一方, 年長児は質問の内容によって異なる反応バイアスを示しました。4歳児は物の知識質問にのみ肯定バイアスを示す傾向を見せました。また, この研究では, 5, 6歳児も, 3歳児に比べるとその得点は有意に低いのですが, 物の知識質問に肯定バイアスを示しました。ただし年長児の物の知識質問に対する肯定バイアスは, 前述したとおり毎回の実験で必ず見られるものではないので, 議論の余地が残ります。また, 6歳児には表情質問に否定バイアスを示す傾向が見られましたが, これはたとえば泣いている顔が描かれたカードを見せられて, 「これは悲しい?」と聞いた場合に「ううん, これは困っている」と答えるなど, 質問者の言葉を少し訂正するようなものでした。これは質問者の意図が知識のテストであることを理解したために起きた反応といえそうです。

わたしたちはさらに, 年少児と年長児の反応バイアスが異なる理由によって

起きる可能性を実証するため，子どもがYN質問に答えるまでの時間を計測しました（Okanda & Itakura, 2011）。すると，3歳児の反応時間は6歳児よりも有意に短いもので，3歳児はかなり素早く「うん」と答えることがわかりました。年少児の肯定バイアスはかなり自動的あるいは反射的なものといえそうです。一方，6歳児は相手の質問意図（「この質問は知識をテストする質問だ」など）をふまえて回答するため，回答までに間があったのかもしれません。

年長児が状況によって「はい」か「いいえ」のどちらを答えるか使い分ける可能性を示す研究がいくつかあります。母親が質問者となり，自分の子どもに物の知識に関する質問をしたところ，2～3歳児は母親にも肯定バイアスを示しました（Okanda & Itakura, 2007）。これは縦断による観察研究を行ったステ

Key Words

▶ 反応バイアス（response bias）➡170ページ

　本稿では，「はい」か「いいえ」で答える質問に対して，「はい」か「いいえ」かいずれかの反応の比率が多い反応の偏り（あるいは傾向）のことを反応バイアスと呼んでいます。反応バイアスと記述する際には，肯定バイアスと否定バイアスのどちらも含んでいます。

▶ 肯定バイアス（yes bias）➡169ページ

　「はい」か「いいえ」で答える質問に対し，「はい」という回答の比率が多い回答の偏りのことを肯定バイアスと呼んでいます。主に2，3歳児に多く見られますが，より年長の子どもや大人でも，肯定バイアスを示すことはあります。

▶ 否定バイアス（nay-saying bias）➡170ページ

　「はい」か「いいえ」で答える質問に対し，「いいえ」という回答の比率が多い，回答の偏りのことを否定バイアスと呼んでいます。英語では"no"を使うと「バイアスがない」状態と紛らわしい表記になるため，フリッツリーとリー（Fritzley & Lee, 2003）では"nay-saying bias"と呼んでいます。

図10-3　質問者となったロボット
知能ロボティクス研究所（IRC），ATRの開発による「ロボビー」

ファンソン（Steffensen, 1978）の結果と一致するものでした。そして3.5歳児は一貫した肯定バイアスを示し，4歳児は母親の質問には肯定バイアスを示さず，身近でない物についてはむしろ否定バイアスを示しました（Okanda, et al., 2012）。これまでのわたしたちの日本の研究では，質問者が見知らぬ大人であった場合，4歳児は身近な物に関する知識質問には肯定バイアスを示す，あるいは示す傾向を見せることが多かったので（Okanda & Itakura, 2008, 2010b; Okanda et al., 2012），これは非常に興味深い結果といえます。

さらに最近，わたしたちはロボットの質問者に3〜4歳児が肯定バイアスを示すか調べました（Okanda, Itakura, Kanda, & Ishiguro, 2011）。ロボットの様子は図10-3に示します。ロボットが質問文を読みあげる場面を撮影したビデオを子どもに提示し，ビデオの中のロボットに聞こえるように大きな声で「うん」か「ううん」を答えるように教示したところ，3歳児はロボットにも肯定バイアスを示しました。しかし4歳児は，母親が質問者であったときと同じように，身近な物に関する質問には肯定バイアスを示さず，身近でない物に関する質問には否定バイアスを示しました。

こうした実験結果から，年長児は質問相手によって回答を変えることがわかってきました。日本の年長児が見知らぬ大人に「うん」と答えるのは，相手への遠慮や尊敬，礼儀正しさを示そうとするためかもしれません。日本の子どもは，他国の子どもと同じように，最初はかなり自動的に大人のYN質問に肯定バイアスを示しますが，文化的なルールを理解し始める年齢になると，見知らぬ大人の実験者という権威を感じる相手にだけ，「うん」と答えるようになるのかもしれません。

3 今後の展望と教育へのヒント

　冒頭でも述べたように，わたしたちは，時には相手の質問に「はい」と答えないといけない状況に置かれることがあります。目上の人に逆らえない場合もあるでしょうし，相手を思いやってあえて嘘をつくこともあるかもしれません。これまでの一連の研究結果を考えると，こうした社会的な理由のある「はい」か「いいえ」の選択は，就学前期の後半から可能になるといえそうです。発達心理学研究では，子どもは実験者となる研究者本人や大学院の学生を，たくさん知識をもっていそうな権威のある大人と感じているかもしれません。そして発達心理学研究では，子どもの知識や考えていることを知るために，子どもに質問をします。そのため，質問の主題は，子どもの好き嫌いを問うような主観的な質問ではなく，客観的な判断が必要な知識に関するような質問をします。そして子どもの知識（とくに物について）を問う YN 質問は，フリッツリーとリー（Fritzley & Lee, 2003）が指摘するように，年少児にふさわしい質問とはいえませんが，年長児も実験者と子どもの関係，あるいは文化的な理由によって，なんらかの反応バイアスを示すことがあるので，たとえば聞き方など状況によっては，ふさわしい質問とはいえないかもしれません。

　わたしたち研究者にとっては，いかに子どもの心を正しく反映するデータを得て，正しい発達理論を導き出すかということが非常に重要です。わたしたちだけでなく，いまこの本を手に取り，いずれ子どもの認知発達を明らかにしていきたいと思っている方々にも，重要なことになると思います。今後は，実験者がどのような態度で子どもに接し，正しい子どもの回答を引き出していくか検討していくべきなのかもしれません。

　年長の子どもは，母親といった身近な大人や，ビデオの中のロボットには，見知らぬ対面の大人に対するようには，肯定バイアスを示しません。質問者との親密さが子どもの回答の正しさに反映するのだとしたら，今後，たとえば実験前に子どもと十分に遊んでラポールを取った実験者と，そうしなかった質問者で，子どもの反応が変わるのかどうか調べる必要があるでしょう。もし，ラポールをとることで，子どもの回答を正しく引き出せるようになるのであれば，そうすべきだと提言することができます。また，内田（2007）は子どもよりも

幼く見えるパペットを用いることで，大人に対する子どものプレッシャーを軽減し，子どもの発話を促すという方法を紹介しています。事前に幼稚園や保育園に行って一緒に遊ぶ時間がもてないときには，こうした方法も有効だと思います。また，YN質問だけでなく，選択肢を子どもの目の前に提示して選ばせる強制選択質問などは，3歳児でも正しく選択できるので（Okanda & Itakura, 2010b），YN質問と併用するのも良いアイデアかもしれません。わたしたちの研究は，発達心理学分野でどのように質問を取り扱うべきかを明らかにしようとするものですが，教育現場などでも，教育者や養育者は子どもを理解するために質問をします。どういった方法で質問することが，もっとも子どもの心を正しく反映した回答を引き出すか考えることは，より一般的な場面でも大切になってくることかもしれません。

　また，健常児のこうした質問への回答傾向を詳細に把握し，その発達を明らかにすることは，発達心理学研究の質問手法の是非を問うだけでなく，発達障害を抱える子どもがコミュニケーションを発達させるうえで，どこにつまずいてしまうのかについて，健常児のデータと比較することで明らかにできる可能性があります。また，YN質問に対する回答傾向だけでなく，今後は子どもが他者との会話をどのように理解していくのかといった研究も必要になってくるでしょう。こうした研究における就学前児のデータはあまり多くありません。わたしたちは，子どもの会話理解がどのように発達していくのかについて明らかにすることが，次のステップだと考えています。

引用文献

Brady, M. S., Poole, D. A., Warren, A. R., & Jones, H. R. (1999). Young children's responses to yes-no questions: Patterns and problems. *Applied Developmental Science*, 3, 47-57.

Donaldson, M. (1978). *Children's minds*. London: Fontana Press.

Flavell, J. H., Flavell, E. R., & Green, F. L. (1983). Development of the appearance-reality distinction. *Cognitive Psychology*, 15, 95-120.

Flavell, J. H., Green, F. L., & Flavell, E. R. (1986). Development of knowledge about the appearance-reality distinction. *Monographs of the Society for Research in Child Development*, 51 (1, Serial No. 212).

Flavell, J. H., Zhang, X.-D., Zou, H., Dong, Q., & Qi, S. (1983). A comparison between the development of the appearance-reality distinction in the People's Republic of China and the United States. *Cognitive Psychology*, 15, 459-466.

Fritzley, V. H., & Lee, K. (2003). Do young children always say yes to yes-no question? A metadevelopmental study of the affirmation bias. *Child Development*, 74, 1297-1313.

Hughes, M., & Grieve, R. (1980). On asking children bizarre questions. *First Language*, 1, 149-160.

Lee, K., & Eskritt, M. (1999). Beyond the Gricean maxims: Conversational awareness as a multifaceted domain of knowledge. *Developmental Science*, 2, 27-28.

Moriguchi, Y., Lee, K., & Itakura, S. (2007). Social transmission of disinhibition in young children. *Developmental Science*, 10, 481-491.

Moriguchi, Y., Okanda, M., & Itakura, S. (2008). Young children's yes bias: How does it relate to verbal ability, inhibitory control, and theory of mind? *First Language*, 28, 431-442.

Okanda, M., & Itakura, S. (2007). Do Japanese children say 'yes' to their mothers? A naturalistic study of response bias in parent-toddler conversations. *First Language*, 27, 421-429.

Okanda, M., & Itakura, S. (2008). Children in Asian cultures say yes to yes-no questions: Common and cultural differences between Vietnamese and Japanese children. *International Journal of Behavioral Development*, 32, 131-136.

Okanda, M., & Itakura, S. (2010a). Do bilingual children exhibit a yes bias to yes-no questions?: Relationship between children's yes bias and verbal ability. *International Journal of Bilingualism*, 14, 227-235.

Okanda, M., & Itakura, S. (2010b). When do children exhibit a yes bias? *Child Development*, 81, 568-580.

Okanda, M., & Itakura, S. (2011). Do young and old preschoolers exhibit response bias due to different mechanisms? Investigating children's response time. *Journal of Experimental Child Psychology*, 110, 453-460.

Okanda, M., Itakura, S., Kanda, T., & Ishiguro, H. (2011). *Do Japanese 3-and 4-year-old children say "yes" to robot's yes-no questions?* Paper presented at the 15th European Conference on Developmental Psychology.

Okanda, M., Somogyi, E., & Itakura, S. (2012). Differences in response bias among younger and older preschoolers: Investigating Japanese and Hungarian preschoolers. *Journal of Cross-Cultural Psychology*, 43, 1325-1338.

Peterson, C., & Bell, M. (1996). Children's memory for traumatic injury. *Child Development*, 67, 3045-3070.

Peterson, C., & Biggs, M. (1997). Interviewing children about trauma: Problem with "specific" questions. *Journal of Traumatic Stress*, **10**, 279-290.

Peterson, C., Dowden, C., & Tobin, J. (1999). Interviewing preschoolers: Comparisons of yes/no and wh-questions. *Law and Human Behavior*, **23**, 539-555.

Pratt, C. (1990). On asking children -and adults- bizarre questions. *First Language*, **10**, 167-175.

Sapp, F., Lee, K., & Muir, D. (2000). Three-year-olds' difficulty with the appearance-reality distinction: Is it real or is it apparent? *Developmental Psychology*, **36**, 547-560.

Siegal, M. (2008). *Marvelous minds: The discovery of what children know*. Oxford: Oxford University Press.

Siegal, M., Iozzi, L., & Surian, L. (2009). Bilingualism and conversational understanding in young children. *Cognition*, **110**, 115-122.

Siegal, M., Surian, L., Matsuo, A., Geraci, A., Iozzi, L., Okumura, Y., et al. (2010). Bilingualism accentuates children's conversational understanding. *PLoS ONE*, **5**, e9004.

Steffensen, M. S. (1978). Satisfying inquisitive adults: Some simple methods of answering yes/no questions. *Journal of Child Language*, **5**, 221-236.

内田伸子 (2007). 子どもと大人のコミュニケーション. 内田伸子・坂元章 (編) リスク社会を生き抜くコミュニケーション力. 金子書房. pp.3-21.

上野一彦・撫尾知信・飯長喜一郎 (1991). PVT絵画語い発達検査——1991年度修正版. 日本文化科学社.

Waterman, A. H., Blades, M., & Spencer, C. (2000). Do children try to answer nonsensical questions? *British Journal of Developmental Psychology*, **18**, 211-225.

Waterman, A. H., Blades, M., & Spencer, C. (2001). Interviewing children and adults: The effect of question format on the tendency to speculate. *Applied Cognitive Psychology*, **15**, 521-531.

Waterman, A. H., Blades, M., & Spencer, C. (2004). Indicating when you do not know the answer: The effect of question format and interviewer knowledge on children's 'don't know' responses. *British Journal of Developmental Psychology*, **22**, 335-348.

Zelazo, P. D., Frye, D., & Rapus, T. (1996). An age-related dissociation between knowing rules and using them. *Cognitive Development*, **11**, 37-63.

Zelazo, P. D., & Müller, U. (2002). Executive function in typical and atypical development. In U. Goswami (Ed.), *The Wiley-Blackwell handbook of childhood cognitive development*. pp. 445-469. Oxford: Wiley-Blackwell.

Column

● この研究を始めたきっかけは？

　修士課程に在籍中，指導教員の計らいでベトナムの保育園でデータを取らせていただけることになりました。実は私は修士課程では赤ちゃんの研究を行っていたのですが，その際に使っていた機材は大きなモニターが2台で，とても飛行機に載せられませんでした。それで海外でもすぐにできる実験をしようとして思いついたのが，スーツケースに入る大きさの数個の物で実験をしていたフリッツリーとリー（Fritzley & Lee, 2003）の肯定バイアスに関する論文です。

● 一番工夫した点は？

　どこにでも持っていける材料を使っているので，どこでも実験ができる点が研究の一番工夫した点かもしれません。海外でも容易に同じ実験ができるので，日本の子どもの発達変化に関するデータだけでなく，文化比較のデータも取ることができました。

● 一番苦労した点は？

　これまでで一番大変で，いまもやはり大変なのは2歳のお子さんの実験です。2歳児のお子さんはとってもシャイで，お母さんや保育士さんが一緒でないと，急に目の前に現れた見知らぬ大人とはなかなか遊べないことがあり，お母さんや保育士さんの後ろに隠れて，もじもじ恥ずかしがります。お母さんや保育士さんが一緒ではない場合は，涙をぽろぽろとこぼしてしまうことも。言語のやりとりは，お子さんにリラックスしてもらえないと，なかなかスムーズに行えないので，そうした雰囲気づくりに一番苦労しました。

● こんなところがおもしろい！

　明らかに違うことを聞いているのに，2，3歳児が躊躇なく「うん！」と答えるところだと思います。たとえば赤いりんごについて「これ緑？」と聞いた場合，普段，少なくとも3歳ぐらいの子どもは，どれが赤でどれが緑か知っています。でも「うん」なのです。「どうして？」という疑問が湧きました。すべての始まりは，この「どうして？」を解明しようと思ったところにあり，今もこの疑問を抱えています。こうした疑問を一歩一歩解明していくことが，自分にとってはもっともおもしろいことです。

11章
子どもにとっての幼少期の思い出

上原　泉

リサーチクエスチョン
Q　思い出はいつ芽生える？
　　小さい頃の記憶は消えてしまう？

　あなたにとっての一番古い出来事の記憶は何ですか。幼少期を振り返って思い出そうとしても，3，4歳以前の思い出がほとんどないことに気がつくでしょう。これは幼児期健忘といわれ古くから関心のもたれている現象です。なぜ，幼少期のことを思い出せないのでしょうか。その原因はよくわかっていませんが，幼少期の記憶の仕方や認知発達が関係していると考えられています。

　赤ちゃんの時期は話しませんが，生後1年目も終わりに近づくと，数カ月から半年近くにわたって覚えていられることがでてきます。でも，それは大人でいうところの思い出という形とは少し異なります。では，子どもはいつから思い出をもつようになり，いつからその思い出を語るようになるのでしょうか。また，3，4歳以前の出来事はいつから思い出せないのでしょうか。本当に幼少期の記憶は消失してしまうのでしょうか。幼少期の記憶は，謎だらけです。その謎に少しでも迫るべく，筆者は横断的かつ縦断的な研究を行ってきました。研究を通じて，幼少期の思い出の発達過程について，いくつか示唆が得られています。その結果を紹介するとともに，幼少期の記憶がもつ意味について一緒に考えてみたいと思います。

1 幼少期の記憶の発達と謎

1) 幼少期の記憶の発達

　赤ちゃんは話すことができないため，記憶内容を報告することはありません。では，赤ちゃんはまったく記憶していないでしょうか。そんなことはありません。話すことのできない赤ちゃんの記憶とはどのようなものなのでしょうか。

　赤ちゃんの記憶を調べる方法の1つとして，選好注視法があります（Fantz, 1964）。簡単にいうと，記憶テスト時よりも前に見せつづけた，あるいは見せたことのある図柄（旧刺激）とテストのときに初めて見せる図柄（新刺激）をコンピュータ画面上（もしくはパネル上）に並べたときに，旧刺激を見たことを記憶していると，新刺激のほうを選択的に長く見るという性質を利用して，赤ちゃんがどれくらい記憶しているかを調べる方法です。音や音声の記憶の場合も，よく音源等への注視時間によって記憶状況を測定します。ほかに，モビールを使った手法（Rovee-Collier, 1997）などもありますが，こういった手法により，生後3カ月の赤ちゃんで1週間，生後6カ月の赤ちゃんで2週間にわたって記憶していられることが知られています。

　ただし，このような手法は，身体の動きが制約されている6カ月くらいまでの赤ちゃんには使えますが，活発に動くようになる月齢の赤ちゃんでは使えません。1歳前から2歳近くの乳幼児の記憶検査には，よく延滞模倣という方法が使われます（2章も参照）。延滞模倣とは，他者の動作や発話を見聞きした後，時間が経ってから，その動作や発話を真似して行うことを意味します。乳幼児に，道具の組み立て方やぬいぐるみの扱い方を繰り返し示した後，時間を経て，その道具やぬいぐるみを見たときに乳幼児が延滞模倣を示すか否かによって記憶状況を調べます（Bauer et al., 1994 ほか）。この手法により，1歳頃までに数カ月から半年近くまで覚えていられるようになることが示され，基本的記憶の保持能力は幼児期には獲得しているといわれるようになりました。

2) 過去の出来事の語りと思い出の発達

　では，幼児期以降，記憶はどのように発達していくのでしょうか。まず，言葉の発達にともなって，意味記憶の発達がすすむと考えられます。意味記憶と

は知識や事実に関する記憶のことをさしますが、言葉を覚えること自体が意味的に記憶することを意味し、知識として後々まで残っていくからです。それより遅れて発達するのがエピソード記憶です（Tulving, 1983）。エピソード記憶は、「いつ、どこで何をしたか」の日常的な出来事に関する記憶のことをさしますが、エピソード記憶のうち、後々まで残っていくような、思い出に相当する記憶のことを**自伝的記憶**といいます。エピソード記憶や思い出を語るためには、独特の語り口（ナラティブ）の獲得が必要であるといわれていますが、その記憶とその語り口はどのように発達してくるのでしょうか。

筆者自身の縦断的な事例研究から、2歳から3歳頃に、「……したんだよ」と過去形で過去の出来事を報告し始めることが示されつつあります（上原，1998, 2003）。ただし、2歳から3歳台の幼児の過去のエピソードの語りは、年長の子どもや成人の語りとは様子が異なっています。確かに、大人にうまく導かれれば、2、3歳の幼児でも、数カ月以上前のことを語ることができます（Fivush et al., 1987 ほか）。しかし、この年代では、単独で過去の出来事を語ることは難しく、手がかりを与えられながら断片的に語るというスタイルをとります。過去の出来事を他者に語り聞かせる形で自発的に話すことは稀で、過去の質問に応じることも少ないようにみえます（上原，1998, 2003）。

子どもの過去の出来事の語り口の発達が、親の子どもへの過去を語るスタイルや語る量による影響を受けやすいことが知られています（Reese & Newcombe, 2007 ほか）。これらの研究では、過去の語り口は3歳から5歳の間に急激に発達し、それにともないエピソード記憶の発達がすすみ、思い出が形成されるようになると考えています（Nelson & Fivush, 2004 ほか）。しかし、3歳から5歳の間に、過去の語りや思い出がどう発達してくるかについては、よくわかっていません。おそらく、そこには複数の認知能力の発達がかかわっていると思われます。

3） 幼少期の記憶の謎

古くから知られている、エピソード記憶や思い出にかかわる現象の1つに、**幼児期健忘**（Freud, 1901/1960）という現象があります。幼児期健忘とは、私たちが過去の個人的な出来事を振り返って思い出そうとしたときに、生後3、4歳以前に経験した出来事についてはほぼ思い出せないことを意味します

(Dudycha & Dudycha, 1941 ほか)。2歳以下のことを思い出せるという人もいますが(Usher & Neisser, 1993)，他者からきいたり，後にビデオや写真を見て記憶しているケースもあるため，本人の直接の記憶として2歳以下まで思い出されるケースはきわめて少ないと考えられます(上原，2008a)。

この幼児期健忘が生じる原因については，幼少期の記憶や認知発達に原因があるのだろうと多くの研究者が考えていますが，何が原因なのかまだ解明されていません。幼少期の記憶の謎の1つといえます。

2 幼少期の記憶はどのように残っていくのか？
 ：研究を通してわかったこと

1) 研究テーマ

筆者の研究テーマは，「幼少期の記憶の発達過程を調べることにより，幼児期健忘が生じるメカニズムについて検討する」ことです。前述のとおり，過去の多くの研究者が，幼少期の発達変化を幼児期健忘の原因と考えてきましたが解明されていません。筆者は次の2つの視点からこのテーマを検討してきました（図11-1参照）。第一に，幼児期健忘の境界年齢，すなわち遡って思い出せる一番古い記憶の年齢である，3，4歳頃に，幼児期健忘に関係する変化が生じるのではないかと推測し，その有無を確かめるため，3，4歳前後の子どもたちを対象に，記憶を中心とした認知能力を調べてきました。第二に，赤ちゃ

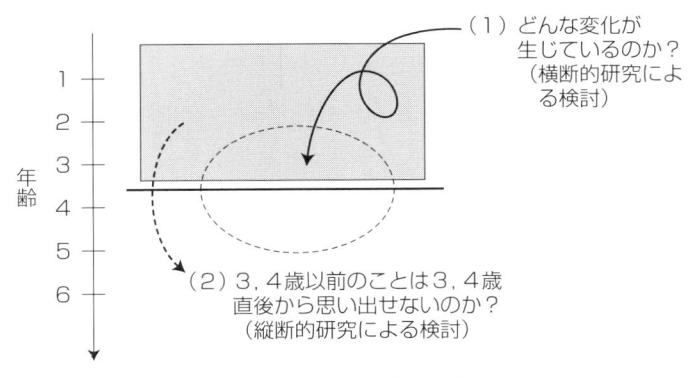

図11-1　研究方法の概略図

（1）どんな変化が生じているのか？（横断的研究による検討）

（2）3，4歳以前のことは3，4歳直後から思い出せないのか？（縦断的研究による検討）

んの時期から,数カ月に1回の割合で同じ子どもたちを長期にわたり追跡することにより,3,4歳頃に幼児期健忘に関係する認知発達上の変化が生じるのか,また,幼少期の記憶はどれくらい残っていくのか(あるいは意識上から消失していくのか)を調べられると考え縦断的調査を行ってきました。以下で,横断的な調査・実験の結果と縦断的な調査結果について簡単に紹介します。

2) 3,4歳頃に何が変わるのか？：横断的な実験・調査の結果

最初に,年少児,年中児を対象に行った,エピソード記憶とその語りの実験を紹介します。Uehara(2000a)では,年少児(3歳半から4歳半)と年中児(4歳半から5歳半)を対象に,運動会当日に1回かぎり行われた親子競技についてどれくらい想起できるのか,また,運動会経験後の嘘の伝聞情報が実際に体験した競技内容の記憶に影響を及ぼすのかを調べました。最初に運動会の2日後に親子競技の内容と(比較のために)玉入れの結果についてききました。その結果,事実の結果を覚えておけばよい,玉入れの結果(引き分け)については,年少児も年中児と同様に7割以上の子どもが正しく報告しました。しかし,親子競技の内容は,年中児では9割の子どもが正しく報告したのに対して,年少児では約6割の子どもが競技に関する正しい内容を語りました(図11-2参照)。これは,意味的な記憶内容について年少児と年長児で差はないが,エ

Key Words

▶ 自伝的記憶(autobiographical memory) ➡185ページ

「いつ,どこで何をしたか」の日常的な出来事に関する記憶のうち,後々まで思い出されるような,より自己にかかわりの深い記憶。自伝的記憶は,自己のアイデンティティの確立や他者との関係性の維持,行動や判断の方向づけにかかわる記憶として,近年,その機能に関する研究もすすめられています。

▶ 幼児期健忘(childhood amnesia) ➡185ページ

私たちが過去の個人的な出来事を振り返って思い出そうとしたときに,生後3,4歳以前に経験した出来事についてはほぼ自覚的には思い出せないこと。

ピソードの語りに差がみられたことを意味します。次に，1週間後に2日にわたって，親子競技の内容について嘘の情報を語り聞かせ（「お母さん（もしくはお父さん）と一緒に運動会で○○したとき，怪獣をやっつけたよね」など），さらにその1週間後に再度親子競技の内容について答えてもらいました。その結果，嘘の伝聞情報を実際に体験した競技内容として報告した年中児は存在せず2回目のテスト時もほぼ9割の子どもが正しく答えましたが，年少児では，2日後の報告時には正しく報告しながら，嘘の情報を聞いた1週間後の報告では，後で聞いた嘘の情報を実際に体験した内容として報告した子どもが5人（約4割，比較的月齢が低い年少児）いました。実体験と伝聞情報との混同は，4歳未満で生じやすいといってよさそうです。

　ほかの記憶実験では，年少児に，手書きのクレヨンの絵を20枚見せて，次の日にそのうちの10枚を前日に見せていない絵と組み合わせてどちらが好きかときいて答えてもらい，さらに残りの10枚を前日に見せていない別の絵と組み合わせてどっちを前に見たかを答えてもらうという実験を行いました。その結果，前日に見た絵がどれかを聞かれると正しく答える年少児は，前に見せた絵のほうを好み，前日に見た絵はどれかを問う質問自体を理解できずにうまく答えられない子ども（比較的，年少児内でも月齢の低い子ども）は，前に見せたことのない絵のほうを好む傾向が示されました（Uehara, 2000b）。同様の結果は，別の課題でも示されました（Uehara, 1999）。また，光るボタン（16個のうちの2個が光る）を片方の指で押す順序を学習するという実験を，右利きの年少児，年中児，成人を対象に行ったところ（Uehara, 1998），年中児と成人では，最初にどちらかの手で学習した後で，手を変えても，最初の手と同様にすぐに行えることが示されました。ところが，年少児では，左手で学習した後，右手に変えても惑わされずにすぐにできましたが，右手で学習した後に左手に変えるとボタン押しに困難を覚えエラー数が有意に増える

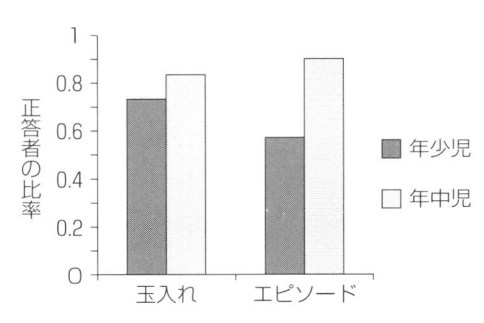

図11-2　玉入れの結果とエピソードの正答者の比率（年少児と年中児）
（Uehara, 2000a を改変）

という結果になりました。このような課題の学習の仕方が、4歳頃を境に変わる可能性を示しています。

記憶以外の調査結果を簡単に紹介します。好きな友人名を1週間に1度計3回答えてもらうという方法で友人に対する好みの一貫性を調べたところ、2歳児では回答はほぼ一貫しないが、年中児では大方2回以上同じ友人名をあげ、年少児では比較的一貫している子どもとまったく一貫していない子どもが混在していました（Uehara, 2004）。複数の同年齢幼児グループ内で行われる言動のやりとりの年齢差を検討したところ、2歳児、年少児では、誰かが何かを発しても、誰も反応しない割合が半分以上と高く、反応したとしても、言動の模倣が多くみられました。年中児になると、他者の言動への反応率が高まり、年長児では、長い会話が続き皆で共有して一つの話題で盛りあがるといった様子がみられました（上原, 2006a）。こういったコミュニケーションのやりとりにおいても4歳を境に大きく異なる様子がうかがえます。また、感情語「怖い」の理解の仕方が3歳から4歳台に変わることが示されています（上原, 2002）。

筆者自らが行った広範囲の認知発達研究から、記憶と記憶に関連する認知能力において、3, 4歳台に大きな発達的変化があることがわかりました。

3) 縦断的な調査でとらえた変化

0歳から2歳台の子どもとその母親（毎年約6, 7組）に協力を依頼し、希望する場所（大学研究室か、協力者のご自宅、あるいは筆者の自宅）で、数カ月に1回の頻度で調査（1時間半から3時間）を実施しました。毎調査時に、言語と記憶に関するチェックリストを母親にわたし、次回の調査時に記入したものを提出していただきました。母子の承諾（ある年齢までは母親のみの承諾）を得て、インタビュー中の内容をすべて記録しました。インタビュー中の会話や簡単な記憶課題、チェックリストにより、出来事の語りや記憶認識に関して、ほぼ全員の子どもで共通する順序で発達することがわかりました（図11-3参照）。2歳から3歳頃に、

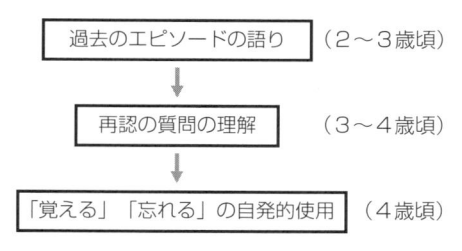

過去のエピソードの語り　（2〜3歳頃）
↓
再認の質問の理解　（3〜4歳頃）
↓
「覚える」「忘れる」の自発的使用　（4歳頃）

図11-3　出来事の語りや記憶認識の発達順序

表11-1　幼児における間違いを含むエピソード報告の例
（上原，1998，2003の一部に新たな例を加えたもの。上原，2008aより転載）

- 保育園の移動動物園に，リスのほかに，兄くらいの大きなクマがいたと報告（女児A，2歳10カ月）
- ブルドーザーを見たことがあるかないかの話で「うんとね，シャベルカーは自分でできた」発言（男児B，2歳11カ月）
- 実際には自分が行ったことのない場所の写真をもってきて「自分が行った」と報告（女児C，3歳1カ月，3歳5カ月）
- 前のインタビュー時に何をしたかの話で「船やった，お父さんがくるまで」と報告（女児C，3歳5カ月）
- 馬に乗ったと発言したので，どこで乗ったかをきいたら，直前まで別の話ででてきた「キャンプ！」と報告（男児D，4歳0カ月）
- 「兄が学校行ってきた」と自らの報告に続けて「ぼく，夜の学校」……「おにいちゃん行ったときどっかいった」と発言（男児D，4歳2カ月）

「……したよ」というように過去形を使って，過去に体験したことを，オウム返しではなく自らの言葉で話すようになり，3歳から4歳の間に，見覚えがあるか否かを問う質問（再認質問。たとえば，「さっきこの絵を見ましたか？」「さっき見た絵はどちらですか？」といった質問）を理解し応じられるようになりました。その少し後の4歳前後に，「覚える」「忘れる」（ものを置き忘れる意味ではなく，思い出せないという意味）という言葉（以下では記憶語と称する）を自発的に正しく使用できるようになりました（上原，1998，2003）。

　ここで注意しなければならないのは，過去を問う質問の理解や，記憶語の自発的使用が，過去を語り始めるよりも，発達的に後になっている点です。この点は意外に思われるかもしれません。実は，先にも少し述べましたが，2，3歳台の過去の語りは，大人の過去の語りとは異なります。自分の言葉で語るにしても，（大人が日常会話で行うように）人に語り聞かせるように語るのではなく，大人に導かれながら，見聞きした手がかりをもとに，関連することをぽつりぽつりと言う程度です。過去を問う質問（再認質問）を理解するようになる4歳頃までは，正しく語ることもあるのですが，突拍子もない，間違った内容を話すことが大人以上に多いことも調査を通じてわかりました（表11-1参照）。2，3歳頃は，過去に経験したという意識が明確ではなく，手がかりに関連した知識を語っているようにみえます。後から，過去を問う質問を理解で

きるようになり，記憶語を自ら話すようになると，過去の経験を振り返ってそのときの経験を思い浮かべながら語るようになるのかもしれません。

詳細の分析は現在行っているところですが，数名の縦断的調査のデータから，3，4歳直後から3，4歳以前に経験した出来事が思い出せない状況が始まっている（幼少期から幼児期健忘が始まっている）ことが示されつつあります（上原，2005，2008b）。2，3歳台でも非常に数は少ないですが，数カ月以上前の出来事について，うまく手がかりが与えられると語ることがありましたが，過去を問う再認の質問を理解し始め，記憶語を話し始めるようになると，2，3歳台までに体験したエピソードや，2，3歳台は思い出せて語っていたエピソードが思い出せなくなるようなのです。一方，記憶語を話し始めた以降に経験したことは，その後，児童期まで覚えているものもあることを確認しています。もう少し多くの子どもたちでの分析が必要であるとは思いますが，過去形で過去の出来事を語る能力を獲得しただけでは，児童期以降まで思い出されるような形で記憶は残っていかず，過去への意識や，自分の記憶に対する回顧的な意識が芽生えてくることで，後々まで残っていくような記憶が形成されるのではないかと推測されます。

4) 子どもの研究を通して得たもの

言葉が理解できるようになっている幼児であっても，会ってすぐに課題を行ってもらうことは難しいのが実状です。子どもに慣れて信頼してもらってはじめて，その子どもの自然な反応を引き出すことができます。また，子どもが行いやすい課題を知るためには，子どもとよく接し遊ぶことが必要です。さらに，保護者の方や保育の先生方に調査の趣旨を説明し，理解を得る必要があります。大人を対象とした研究と比較し，調査を実施する前に相当な準備と時間が必要であり，協力者を探すのもたいへんです。とくに縦断的研究は，実施に時間がかかり，研究成果がすぐに得られないというのが難点です。

しかし，子どもの研究，とくに長期にわたり追跡する研究だからこそ，得られるものや経験もあります。時間をかけて子どもを追究することの楽しさ，新鮮さは，子どもならではの行動とものの見方を発見したり，普段あたりまえのように行っている行動が芽生える場面に遭遇する点にあります。初語や二語文を話し始めるようになったり，新たな言葉を話すようになった場面には何度か

遭遇しましたし，子どもたちのさまざまな遊びの観察を通して，大人にはない想像世界の豊かさと思いもかけない発想に驚かされました。

　研究上の具体的な内容でいえば，ある時期までは，故意ではなく語る「うそ」があり，子どもにとって，現実と非現実，うそと本当の違いが，大人ほど明確でないばかりか，それらを区別することはあまり意味がないことを理解できました。また，3，4歳頃までは，ほとんど過去を語らないということ，大人と同様に思い出をもつようになっても，大人より，過去の思い出やうわさ話をする割合が低く，いまその場で起こっていることを，想像力豊かに（ときに詩人のように）表現するということを，日常の姿としてとらえることができました。さらに，人の記憶というのは，個人個人で大きく異なり，時間経過のなかで，生き物のように変容していく過程であることがよくわかりました。時間をかけて関係性を築いたうえで行う研究だからこそ，より本質的な言動傾向をとらえることができるのだと実感しました。

　子ども期の発達や経験は，その後の人間形成における基礎となっています。子どもの自然な姿を追究することは，人間の基本的な機能や事象の成り立ちを理解することにつながります。また，子どもの研究では，子どもと接するばかりではなく，保護者の方々，保育や教育の先生方と接することになりますから，調査や実験上のかぎられた情報のみならず，自ずと社会的状況や養育，保育・教育現場の情報なども得る機会が多くなります。社会環境を含めて，より広い視野から，人間の心や行動をとらえなければならないと意識せざるを得ない点，現実的な感覚を忘れずに取り組める点が，子どもの発達研究の強みであると思います。

3　今後の展望と教育へのヒント

　エピソード記憶と思い出の発達研究から，個々の体験エピソードを思い出して振り返るということは，3，4歳頃まではほぼなされないことがわかりました。この結果から何がいえるでしょうか。第一に，過去にした悪いことを後から注意したり叱ることは，3，4歳頃まではあまり効果的ではないことを意味します。何に対して注意されているのか，理解できない可能性が高いからです。子どもが悪い，あるいは危ないことをした場合には，その場で悪い，危ないと

いうことを伝えるようにしたほうがよいでしょう。第二に，過去のエピソードにもとづく，他者やものに対する明確なイメージが形成されにくいことを意味します。もちろん，この食べ物は好きとか，この動物は嫌い，これは熱いなど，感覚的な経験にもとづく好き嫌いの感情は残っていきますが，よく接する人以外の友だちや他者への明確なイメージや人物像は築かれにくいということです。この点は，先に紹介した，友人の好みの一貫性の調査結果（3，4歳頃までは友人に対する明確な一貫した好みの感情は形成されにくいという結果）にも表れています。年少児頃までは，保育や教育現場での深刻ないじめについては心配する必要はないように思います。

　では，過去の出来事に関する会話は幼児期にあまりしても意味がないのでしょうか。確かに，過去のエピソードを話しても，年少の子どもにとっては意味がよくわからないかもしれません。しかし，過去の知識を共有して語ることの楽しさを伝えることは，互いに共有できる話は目の前のことだけではないことに子どもが次第に気づき，後の社会性や会話力を発達させていくうえでは，重要だと思われます。早くから過去のエピソードを語らせようとして無理強いすることはよくありませんが，幼少期の親の子どもへの過去の語り方や語りの量が，子どもが後にどのように過去を語ったり，過去の出来事をどれくらい思い出せるかに影響を及ぼすことがあり，また，親子間でいかに家族の思い出を共有しよい関係性を築いていくかにもかかわってきますので，このような過去の語りは，とくに子どもが思い出を形成し始める幼児期半ば以降は積極的に行うのがよいと考えます。

　乳幼児期の記憶に関して，留意しなければならない点があります。乳幼児が過去のエピソードを振り返らない，3，4歳以前を思い出せないからといって，3，4歳以前の記憶は，すべて消えてなくなるわけではないという点です。後に振り返って思い出せない，後に思い出せるような形では記憶していないというだけであって，3，4歳以前に経験したこと（数々の言葉や三輪車の乗り方など）は確実に身について残っていくからです。言葉を急速に発達させ，そのほかの多くのことを学んでいく時期であることから，むしろ3，4歳以前の時期は大人以上に多くのことを学習し身につけている大事な時期といってよいでしょう。ですから，この時期，いかに子どもによい経験をさせるかが重要な課題ともいえます。よい経験とは，早く大人のようにふるまえるようになること

を促す経験ではなく，あくまでも"子どもにとって"よい経験でなければならないと思います。しかも，この時期の経験は，本人自らが選ぶというより，養育や環境に依存する部分が大きい点に注意を払うべきです。この時期の経験は，後に子ども自らが思い出せないからこそ，よりいっそう，養育・教育や環境がもつ意味は大きいといえるのではないでしょうか（上原，2006b）。

　最後に今後の研究の展望について述べます。思い出が各時期でもつ意味や人間関係ではたす役割，思い出の生涯にわたる変遷過程を追究し続けたいと思います。人間関係が希薄になり社会性が低下しつつあるといわれる昨今，子どもや大人がどのような語りあいをすればよいのか，どのように関係性を育んでいけばよいかに関するヒントが，得られるのではないかと思うからです。人間は一人で発達するのではなく，養育や教育環境，友だちからの影響など，さまざまな影響を受けながら発達していきます。エピソード記憶，思い出の研究とあわせて，子ども同士のやりとりや相互作用の研究も引き続き行っていきたいと考えます。近年，幼稚園や保育園，学校以外で遊んだり交流する機会が減り，遊べない，うまく人間関係が築けない子どもが増えていくのではないかと懸念されています。幼稚園や保育園，学校との連携のもと，遊びや保育，教育のあり方に示唆を与えられるような研究をしていく必要があると思っています。

引用文献

Bauer, P. J., Hertsgaard, L. A., & Dow, G. A. (1994). After 8 months have passed: Long-term recall of events by 1-to-2-year-old children. *Memory*, **2**, 353-382.

Dudycha, G. J., & Dudycha, M. M. (1941). Childhood memories: A review of the literature. *Psychological Bulletin*, **38**, 668-682.

Fantz, R. L. (1964). Visual experience in infants: Decreased attention to familiar patterns relative to novel ones. *Science*, **146**, 668-670.

Fivush, R., Gray, J. T., & Fromhoff, F. A. (1987). Two-year-olds talk about the past. *Cognitive Development*, **2**, 393-409.

Freud, S. (1901/1960). The psychopathology everyday life. Republished 1953. In J. Strachey (Ed. and Transl.), *The standard edition of the complete psychological works of Sigmund Freud*, Vol. 6. London: Hogarth.

Nelson, K. & Fivush, R. (2004). The emergence of autobiographical memory: A social cultural developmental theory. *Psychological Review*, 111, 486-511.

Reese, E., & Newcombe, R. (2007). Training mothers in elaborative reminiscing enhances children's autobiographical memory and narrative. *Child Development*, 78, 1153-1170.

Rovee-Collier, C. (1997). Dissociations in infant memory: Rethinking the development of implicit and explicit memory. *Psychological Review*, 104, 467-498.

Tulving, E. (1983). Elements of episodic memory. New York: Oxford University Press.

上原　泉 (1998). 再認が可能になる時期とエピソード報告開始時期の関係——縦断的調査による事例報告. 教育心理学研究, 46, 271-279.

Uehara, I. (1998). No transfer of visual-motor learning from right to left hands in right-handed four-year-olds. *Perceptual & Motor Skills*, 87, 1427-1440.

Uehara, I. (1999). Differences in recognition and preference among four- and five-year-olds on a tactile learning and visual test. *Perceptual & Motor Skills*, 89, 1029-1035.

Uehara, I. (2000a). Differences in episodic memory between four- and five-year-olds: False information versus real experiences. *Psychological Reports*, 86, 745-755.

Uehara, I. (2000b). Transition from novelty to familiarity preference depending on recognition performance by four-year-olds. *Psychological Reports*, 87, 837-848.

上原　泉 (2002). 幼児における「怖い」という言葉の理解——内面を表す言葉の理解とは？　専修人文論集, 71, 163-172.

上原　泉 (2003). 第Ⅱ部　発達——記憶，心の理解に重点をおいて. 月本　洋・上原　泉（著）　想像：心と身体の接点. ナカニシヤ出版. pp.117-182.

Uehara, I. (2004). Developmental changes in consistency of preferential feeling for peers and objects around age four. *Psychological Reports*, 94, 335-347.

上原　泉 (2005). 子どもはどれくらい幼少期の個人的な出来事を想起できるのか——縦断的な事例研究. 佐藤浩一・越智啓太・神谷俊次・上原　泉・川口　潤・太田信夫（著）　自伝的記憶研究の理論と方法（2）　認知科学テクニカルレポート, No.55, 17-21. (http://www.jcss.gr.jp/technicalreport/TR55.pdf)

上原　泉 (2006a). 幼児の同年齢グループ内でのコミュニケーション：年齢比較. 発達研究, 20, 5-12.

上原　泉 (2006b). 6部「発達と記憶」第1章　赤ちゃんのときのことを覚えていますか？——乳幼児期の記憶. 太田信夫（編）　記憶の心理学と現代社会. 有斐閣. pp.253-262.

上原　泉 (2008a). 思い出の始まり——初期のエピソード. 仲真紀子（編著）シリーズ自己心理学4巻：認知心理学へのアプローチ. 金子書房. pp.30-46.

上原　泉 (2008b). 自伝的記憶の発達と縦断的研究. 佐藤浩一・越智啓太・下島裕美（編）　自伝的記憶の心理学. 北大路書房. pp.47-58.

Usher, J. A., & Neisser, U. (1993). Childhood amnesia and the beginnings of memory for four early life events. *Journal of Experimental Psychology: General*, **122**, 155-165.

Column

●この研究を始めたきっかけは？

　人間の記憶への関心から，初めての調査として，大学生を対象に幼少期の記憶を調査した結果，3，4歳以前がほとんど想起できないことがわかりました。続けて，高齢者や小学生にも調査しましたが，3，4歳以前が想起しにくいという結果でした。3，4歳の子どもではどうなのだろうと思い，子どもの記憶を卒業論文のテーマにしたのがきっかけです。

●一番工夫した点は？

　幼児は言葉を話すとはいえ，絶えず動き集中力が持続しないため，幼児が行いやすい課題を作る必要がありました。課題作りのヒントを得るため，とにかく子どもとよく接し遊びました。そのなかで，子どもの課題への誘い方，効率よく実施する方法も何となく身についていきました。

●一番苦労した点は？

　調査を縦断的に続けていくのはたいへんです。2，3カ月に1回の割合で，毎年約6，7組の方に調査を実施してきましたが，引っ越しで中断したケースもありますし，スケジュールを常に念頭におき調整していく必要があります。協力者の方々の協力があってこそできる調査なのです。個々のエピソードの記憶がどう長期的に変わっていくのかの分析は，本当に骨の折れる作業です。

●こんなところがおもしろい！

　よく接して遊んでいると，子どもは本当にたくさんの話をしてくれます。その内容は個人差もあり，とにかく聞いていて楽しいです。縦断的調査では何年にもわたり成長過程を追いますが，自分も一緒に成長していっているように感じられ（もちろん錯覚ですが），不思議とポジティブな気分になれます（⁉）

12章
子どもの想像世界と現実

富田昌平

リサーチクエスチョン
Q 子どもは想像世界のリアリティをどのように体験するのか？
リアリティのゆらぎにはどんな意味があるのか？

　想像や夢，玩具や映像，空想の友だち，サンタクロースなど，現実のようだけれど現実ではない，空想，虚構，偽物，非実在の対象や出来事を，私たちは子ども時代に数多く経験します。大人になった今ふり返ってみると，ひどく懐かしさを覚える半面，なぜあのような子どもじみたくだらないふるまいをしていたのか，なぜありもしないことを信じていたのか，と疑問に感じるかもしれません。疑問に感じた挙げ句，こう言って片づけてしまうかもしれません。「まあ，子どもだから」と。
　しかし，そのように簡単に片づけてしまってよいのでしょうか。この種の体験は，発達的には何の意味ももたない，子どもじみたくだらない体験に過ぎないのでしょうか。
　いいえ，そんなことはないはずです。
　本章では，子ども時代に私たちは想像世界のリアリティをどのように体験するのか，そして想像世界のリアリティに対する認識はどのように発達するのかを概観し，整理します。そのうえで，その発達の過程においてみられる「ゆらぎ」に注目し，その意味についてともに考えてみたいと思います。

1　想像世界のリアリティ

1）リアリティとは何か

　リアリティ（reality）という言葉があります。現実性，真実性，実在性，迫真性などと訳されますが，ある対象や出来事についてのその人なりの本当らしさと言い換えることができるかもしれません。

　たとえば，どこにでもいる普通の女の子が，ほんのちょっと頭にリボンをつけただけでお姫様のような気になったり，あるいは，物置からほんの少し物音がしただけで，そこにお化けが潜んでいるかのような気になったり。また，クリスマス・イヴにサンタクロースの夢を見ただけで，トナカイの引くソリに乗ってサンタクロースと一緒に空を飛んだような気になったり，遠足のときに拾った何の変哲もない丸い石を見つめているうちに，何だか願いごとを叶えてくれそうな気になったり。

　リアリティとはこのように，単に現実世界を反映する言葉ではありません。現実の対象や出来事とのかかわりの中で，「あれ，なんだろう」「ふしぎだなぁ」「おや，もしかしたら」「こわい」「すてき」などと感じたその瞬間，その人の心の中にすぅーっと立ち上がってくる想像世界，こうした世界に対してもあてはまる言葉なのです。

　子ども時代をふり返ってみると，実にこうした，現実であるかのように迫りくる想像世界のリアリティの体験というものが数多くあることに気づかされます。「あのとき感じたときめきはいったいなんだったのだろう」と，ふと立ちどまって考え込むこともあるかもしれませんが，「懐かしいなぁ」とため息混じりに思うだけで，そのことそのものの意味や子どもの想像力のたくましさなどについてじっくり考えることはあまりないのではないでしょうか。

　本章では，こうした想像世界のリアリティをそもそも子どもは幼年期にどのように体験しているのか，想像と現実の区別についての認識発達に関する研究に焦点をあてながら，明らかにしていきたいと思います。また，その発達の過程において生じるさまざまな「ゆらぎ」にも触れ，それが後の発達においてどのような意味をもつのかについて，読者のみなさんとともに考えてみたいと思います。

2） 想像世界のリアリティの多様性

　ひとくちに「想像世界」と言っても，それはただぼんやりと頭の中に思い描いた世界から，ごっこ遊びに従事しながら思い描いた世界，絵本やテレビを見ながら思い描いた世界，サンタクロースやお化けの話を聞いて思い描いた世界まで，実に多岐にわたります。そして，思い描く対象や出来事，その思い描き方，あるいは思い描いたその瞬間に当人が置かれていた状況などによって，迫りくる想像世界のリアリティの質も当然異なってくるのです。ここではひとまず，想像的なもののリアリティの基盤の所在を軸に整理を行った富田（2011）の論考を参考に，発達心理学研究で扱われる「想像世界」とはどのようなものかについて整理してみたいと思います。

　富田（2011）は，従来のファンタジー研究で扱われてきた対象や出来事を，①心的表象，②外的表象，③私的虚構，④公的虚構の4つに分類しています。

　まず，心的表象とは，心の中に象徴的に表された対象や出来事の像のことをさします。たとえば，想像や思考，記憶，夢など，私たちは目の前にその対象や出来事がなくても，それについての知識や概念をある程度もっていれば，それを頭に思い描くことができます。頭の中に思い描くことによって，その像がまるで本物であるかのようなリアリティを帯びて当人に迫ってくることもあるでしょう。しかし，それが本物でないことは，実際に目で見て手で触れることができないという事実によって気づくことができます。

　次に，外的表象ですが，これは外部環境の実在物に象徴的に表された対象や出来事の像のことをさします。たとえば，絵や写真，映像，玩具，模型，扮装など，私たちの身の回りには実に精巧に作られた偽物群が存在します。これらは私たちが想像によって作り出したものではありませんが，実際的なかかわりを通じて，あたかも本物と接しているかのような想像世界が広がっていきます。しかし，それが本物ではなく偽物であることは，よくよく見て触って確かめているうちに気づくことができます。

　さらに，私的虚構とは，個人が外部環境の中に私的に表した，事実とは異なるつくりごとのことをさします。たとえば，空想の友だちや，私的なマンガや小説の登場人物，嘘や誇張，冗談などで作り出された対象や出来事がこれにあたるのですが，あくまで当人が個人的に作り出したものであり，実在や真実を支持する公的で客観的な根拠がない点が特徴です。作り出した当人がそれを個

人内に留め置くのではなく，真実であるかのように人に話したり，記録に残すことによって，あたかも本当のことであるかのような想像世界が広がっていくわけです。しかし，その真実性を自ら問い直すこと，それらしき証拠群が存在しないことなどが，リアリティを弱める決め手となります。

最後に，公的虚構ですが，これは先ほどの私的虚構とは異なり，私たち人間が長い歴史・文化，あるいは現代社会のなかで作りあげていったつくりごとのことをさします。それらは大きく，①歴史・文化系（サンタクロース，節分の鬼など），②物語系（魔女，妖精など），③宗教系（神，天使など），④大衆娯楽系（ウルトラマン，ドラえもんなど），⑤都市伝説系（宇宙人，UFOなど）の5つに分けることができ，私的範囲にとどまらず広く公的範囲で実在や真実を支持する証拠が存在している点が特徴です。幼い子どもやその情報について無知な人たちは，最初それを実在の対象や真実の出来事として受けとめますので，当然のことながらそれは強烈なリアリティを帯びて当人に迫ってきます。しかし，その対象や出来事の非論理的側面に徐々に気づくことによって，そのリアリティは失われていきます。

次節では，それぞれの「想像世界」のリアリティが発達的にどのように変化していくのかについて述べていくことにしましょう。

2　想像世界のリアリティの発達過程

1）　心的表象のリアリティ

まず，心的表象ですが，これに関してはウェルマンとエステス（Wellman & Estes, 1986）の研究が有名です。彼らはたとえば，3，4，5歳児を対象に，「クッキーを持っている少年」と「クッキーのことを考えている少年」という二人の少年のお話を聞かせ，次のように尋ねます。「クッキーを直接目で見たり手で触れたりできるのはどちらの少年ですか？」。研究の結果，3歳児でもこの質問に対して正しく回答できることがわかりました。つまり，想像と現実についての基本的な区別についての認識は，3歳児ですでに獲得されているのです。

3歳という年齢ですでに心的表象と現実とを区別できるという事実が確認されたことは，非常に重要な意味をもちました。というのも，それまでの研究で

は,「幼児は想像や思考や夢などの心的表象を現実の対象や出来事と同一視する傾向にある」というピアジェ（Piaget, 1926）の「実在論」（realism）の主張が正しいと考えられてきたからです。ウェルマンらの研究はそれに異を唱えるものであり，幼児はある対象や出来事についていくら鮮明に想像したとしても，それを現実と混同することはない，「想像は現実ではなく虚構にすぎない」という事実を正しく認識していることを新たに示した，そうした意味で非常に重要だったわけです。

　ただし，夢に関しては少し事情が異なるようです。夢は想像や思考と同様に，個人的で主観的なものですので，他人がそれをのぞき見ることはできません。

Key Words

▶ **想像力**（imagination）　➡198ページ

　目に見えないものを思い浮かべる能力のこと。子どもは1歳半から2歳頃にかけて，象徴遊びや延滞模倣，描画，言語など，さまざまなかたちで経験したことをシンボルに置き換えて楽しむことができるようになりますが，想像力はこうした象徴機能の働きを基礎に，多種多様なシンボルをまとめあげる働きをします。シンガーとシンガー（Singer & Singer, 1990）は，子どもの想像力は，遊ぶことを勇気づける大人，秘密の場所，自由な時間，いくらかの支えとなるものや玩具があって，より豊かに花開くとしています。

▶ **ごっこ遊び**（make-believe play）　➡209ページ

　あるものを別の何かに見立てたり，それらしくふるまうことで自分以外の誰かのつもりになったりする遊びのこと。ふり遊び，見立て・つもり遊び，象徴遊び，空想遊び，劇遊びなどさまざまな名称があり，ごっこ遊びは象徴や表象など遊びの機能的側面のみにとどまらず，広く遊びの内容的側面も含めて使われることから，より広義な概念であるといえます。ごっこ遊びの発生は，現実世界とは異なるもう一つの世界の誕生を意味し，子どもの精神がより高度なものへと発達を遂げたことの表れといえます。ごっこ遊びに見られるような子どもの想像世界は，現実世界との相互のかかわりの中でより豊かになるものとされています。

しかし，麻生・塚本（1997）によると，4歳児でもそうした認識をもつことは難しく，隣で寝ていた人は自分が見ていた夢の内容を知っているはずだとか，あるいは夢の中に現れた人は自分の夢の内容を知っているはずだと勘違いしてしまうようなのです。心的表象の中でも夢のリアリティは，とりわけ打ち消しがたい強烈なものなのかもしれません。

2) 外的表象のリアリティ

次に，外的表象に関しては，フラベルら（Flavell et al., 1983）による有名な研究があります。彼らは3，4歳児にスポンジ製の岩やゴム製の鉛筆などを提示して，次のように尋ねました。「これの見かけは何に見えるかな？　本当は何かな？」。研究の結果，3歳児の多くは「見かけも本当もスポンジ（または岩）」と答えるのに対し，4歳児の多くは「見かけは岩だけど，本当はスポンジ」と答えることが示されています（10章も参照）。つまり，3歳ではまだ絵や写真，玩具や模型などの見かけをよく似せた偽物を見せられると，その外的表象のリアリティを強く感じて，まるで本物であるかのように感じてしまいます。ところが，4歳にもなると，その細部をていねいに観察して，外的表象のリアリティは見かけ倒しである（見かけを似せた偽物にすぎない）ことに気づくようになるのです。

このことは映像の場合でも同様です。たとえば，村野井・杉原（1984）は，保護者への質問紙調査を通して1～6歳児に，「テレビのなかのドラえもんは○○ちゃん（幼児）の言うことが聞こえていると思う？　見えていると思う？」と尋ねました。研究の結果，「聞こえている」「見えている」と答える者の割合は，4歳頃を境に大きく減少することが示されています。また，伊藤ほか（1984）は，テレビに映し出された人物が視聴者に行動を呼びかける映像を子どもに見せ，そのときの反応を分析しています。その結果，テレビ上の人物に向けた反応（指さす，動作で反応する，うなずくなど）は4歳以降減少し，テレビ上の人物ではなく近くにいる大人に向けた反応（見る，話しかけるなど）が増加することが示されています。このように，テレビ映像の外的表象のリアリティもまた，4歳あたりを境に急激に減退していきます。それは，「テレビ映像は別の場所にある対象や出来事を映し出しているだけで，そのなかに本物がいるわけではない」という事実を，彼らが認識するようになることと決

して無関係ではないでしょう。

　しかし，それでも映像はほかの外的表象と比べて，子どもたちにとって少し困難なようです。木村・加藤（2006）は，子どもの前に女性の上半身が映し出されたテレビ映像を置き，その前に紙人形を置いて，次のように尋ねました。「もしもテレビの中の女性がフーッと息を吹いたら，テレビの前の紙人形はどうなると思う？」。研究の結果，6歳児でも約半数がテレビ映像の現実への影響力を強く感じて，「倒れる」と誤った回答を行いました。そして次に，テレビの中に映し出された紙人形に外側から息を吹きかけるように求められると，一生懸命に息を吹きかけ，倒れないと知ると一様に不思議そうな顔や，がっかりした様子を見せたことを報告しています。テレビ映像のリアリティは，外的表象の中でもとりわけ強力なものなのかもしれません。

3）　私的虚構のリアリティ

　私的虚構は一見すると心的表象と似ていますが，リアリティの性質は大きく異なります。頭の中に怪物を想像した場合，その怪物の想像が膨らんで次第に怖くなるといったことはあるでしょうが，そうは言っても「それは想像にすぎない」の一言で，その想像は急速に萎んでいきます。しかし，怪物を単に頭の中に想像するのではなく，たとえば草むらの陰に想像した場合はどうでしょう。「ほら，あの草むらの陰に怪物がいる！」と誰かが言い，その場に居合わせたほかの誰もがそのことを確かめる術をもたなかった場合，その想像はそれを言い出した当人の手を離れて，勝手に膨らんでいく可能性も秘めているのです。もちろん，「それはもともと自分が作り出した想像にすぎない」とふり返れば事足りることではありますが，いったん想像を外に出してしまうと，それは個人の統制下から離れて，自立して動き出す可能性が生じてしまうのです。

　私的虚構の代表例としては，空想の友だち（imaginary companion）があげられます。空想の友だちとは次のように定義されます。「それは目に見えない存在であり，ある一定の期間，少なくとも数カ月の間，名前をつけられ，他者との会話で言及されたり，遊ばれたりする。子どもにとってはリアルであるが，明白な客観的基礎はもたない。それは事物の擬人化や，子ども自身が別の人物になりきるような想像遊びとは異なる種類のものである」（Svendsen, 1934）。欧米では，空想の友だちを作り出す子どもは幼児期に約2～3割いるとされ，

わが国では約1割いることが確認されています（富田，2002b）。きわめてまれなケースでは決してないのです。

　空想の友だちが作り出される原動力は，多くの場合，強い欲求や感情です。寂しさや不安，あんなふうになりたいという憧れや，こうなると楽しいだろうなという思いなど，そうした強い欲求や感情が原動力となって作り出されます。したがって，これまで採集された事例には，きょうだいがいない，一人っ子である，両親が不仲で離婚した，引っ込み思案な性格で友だちができないなどのケース，あるいは，人一倍お世話好きである，劣等感から自分を変えたいとの思いが強くある，近所に憧れのお兄ちゃんお姉ちゃんがいる，失敗ばかりしている自分を認めたくないなどのケースが多く含まれます。空想の友だちの特徴に関しても，たとえば男児では，誰よりも足が速い，怪物の背中にさえ乗れるなど，超人的な強さや能力を備えているケースが多く見られます。これに対し，女児では，絵が上手に描けない，身の回りのことが一人でできないなど，教育や世話を必要とするケースが多く見られます。このことからも，子どもたちなりの欲求や感情を満たしてくれる存在として空想の友だちが位置づけられていることがうかがえるでしょう。

　では，こうした私的虚構としての空想の友だちのリアリティが減退するのはいつ頃なのかというと，3，4歳頃からの集団遊びへの参加と，6歳からの就学というのが一つの契機とはいえますが，とくにはっきりこの年齢というのはないようです。結局のところ当人次第というか，空想の友だちに対する思い入れが失われたときがその頃合なのでしょう。そして，それはその後，すっかり当人の記憶から忘れ去られていくのです。

4） 公的虚構のリアリティ

　最後に，公的虚構ですが，たとえば，子どもたちにとっても身近な素材である絵本には，現実にはあり得ないような対象や出来事が数多く登場します。人間のように服を着て言葉を話し，フライパンやボウルを使って料理をする動物や，火を吹くドラゴン，ほうきにまたがって空を飛ぶ魔女など，実にさまざまです。こうした対象や出来事は，絵本に描かれているという事実だけで，最初，子どもの目には本当らしく映ります。しかし，「絵本に描かれたお話は大人が作った虚構にすぎない」という事実を認識するようになる頃，公的虚構として

の絵本のお話のリアリティは失われていきます。具体的には，それは5歳頃であることが示されています（Taylor & Howell, 1973）。

同様の結果は，子どもに「将来の夢」を尋ねた場合にも確認できます。森（1995）は，「大人になったら何になりたい？」「本当になれると思う？」などの質問を子どもに行ったところ，3，4歳児ではテレビの登場人物の名前をあげる者が多く見られ，そのほとんどがその夢は実現可能であると信じていたことを報告しています。公的虚構としてのテレビの登場人物のリアリティは，この時点ではまだ失われていないのです。ところが，5歳になるとずいぶん様子が違ってきます。将来の夢としてテレビの登場人物をあげる者はほとんどいなくなり，「お友だちの中に○○（テレビの登場人物）になりたいと言っている子がいるんだけど，なれると思う？」と尋ねた場合でも，その多くが「なれない」と答えるようになります。「テレビに登場するヒーローやヒロインはテレビ局で作られたもので，実際にはいない」という事実を，認識するようになるのです。

他方，サンタクロースに対する見方は，ほかと少し異なるようです。子どもたちの多くは5歳を過ぎても，サンタクロースの存在を信じ続けます（図12-1）。そして，その信じる心は8～10歳頃まで維持され続けます（Prentice et

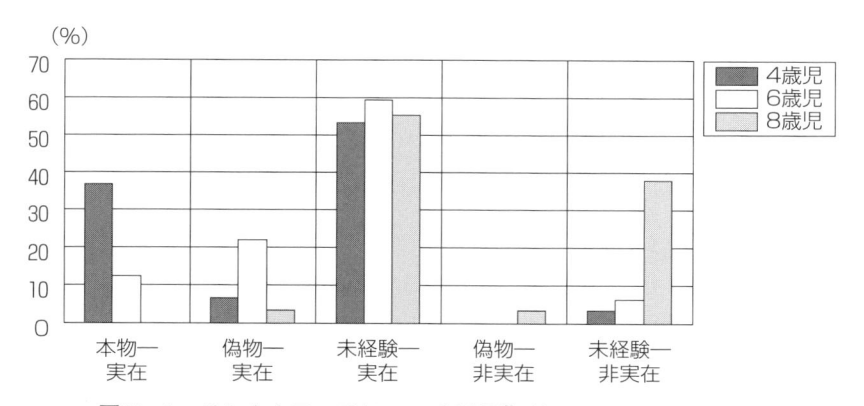

図12-1　サンタクロースについての認識（富田，2002aをもとに作成）
サンタクロースの扮装物に対する認識は「本物」から「偽物」へ，そして，サンタクロースそのものに対する認識は「実在」から「非実在」へと発達的に変化していく。

al., 1978; 富田, 2002a)。もちろん, サンタクロースにも危機は訪れます。その
きっかけの一つに, サンタクロースの扮装物や絵本のお話があります。5〜6
歳といえば, すでに「扮装物は見かけを似せた偽物にすぎない」という事実や,
「絵本に描かれたお話は大人が作った虚構にすぎない」という事実を認識して
いる年齢です。したがって, それまでは本物あるいは真実として受けとめてい
たサンタクロースの扮装物や絵本に対する見方が, この時期には, 本物ではな
く偽物, 真実ではなく虚構へと大きく変化していくのです。実際, 4歳から6
歳にかけて, 子どもは次第にクリスマス会などで出会ったサンタクロースを,
「本物」ではなく「偽物」として認識するようになります(富田, 2009)。

にもかかわらず, サンタクロースのリアリティは輝き続けます。「あれは偽
物だったけれど, 本物はどこかにいる」と信じ続けるのです。そこには他者の
証言(「サンタクロースは本当にいるよ」という母親の話など)や数多くの証
拠群(プレゼントや手紙など)が深く関与しています(Prentice et al., 1978)。

このように公的虚構としてのサンタクロースには, その存在を支持する証拠
が数多く存在するため, リアリティの牙城は容易には打ち崩されません。が,
それでも論理的思考が花開く8〜10歳頃には, 論理的に不可解な点が多く発見
され, 徐々に(あるいは突然に)そのリアリティは失われていきます。リアリ
ティの輝きを失ったサンタクロースは, その後どうなっていくのでしょうか。
その証拠群のすべてが真実ではないことを知った子どもたちは, 裏切られた思
いで一度はサンタクロースのことを嫌いになります。しかし, 次第に幸福をも
たらす行事としての機能に目を向けるようになり, サンタクロースを一つの神
話として再受容し, 生活の一部として位置づけるようになっていくのです
(Kowitz & Tigner, 1961)。

3　今後の展望と教育へのヒント

1)　想像世界のリアリティは永遠に失われるのか

ここまで, 心的表象, 外的表象, 私的虚構, 公的虚構という4つの角度から,
想像世界のリアリティの発達過程を大まかに描いてきました。いかがでしたか。
「あのとき感じたときめきはこれだったのか」「大人になってときめきが失われ
たのはそのせいか」などの感想をもたれたかもしれません。

しかし、待ってください。本当にあの頃のときめきは、大人になると失われてしまうのでしょうか。いえ、そんなことはありません。確かに従来の研究では、子ども時代の空想的で魔術的なものの見方や考え方は発達するに従って駆逐され、最終的には現実的で科学的なものの見方や考え方に取って代わられるという発達理論が一般的でした。しかし、最近の研究ではそれは誤りで、空想的・魔術的認識は表面的には失われていくかに見えますが、潜在的レベルでは残存し続け、高度情報化社会に生きる現代の大人たちにおいてさえも、両方の認識が共存・維持され続けるという新たな発達理論が有力とされています (Rosengren et al., 2000; Subbotsky, 2010)。

想像世界のリアリティを強く感じる心もまた、空想的・魔術的認識と同様に、大人になってからも残存し続けます。なぜ宇宙人やUFO、怪奇現象などを信じてしまうのか、なぜ新聞やテレビの星占いをついつい見てしまうのか、なぜ験担ぎをしてしまうのか、なぜ誰もいないところに人の気配を感じてしまうのか、その秘密は恐らくここにあります。そして、この分野の研究の未来もまたそこにあるといえるでしょう。

2) リアリティの「ゆらぎ」はどのような意味をもつか

もう一つ、「ゆらぎ」の問題にも触れておかなくてはなりません。想像世界のリアリティについての認識発達の大きな節は、4～5歳頃にあることをすでに述べましたが、それ以降、空想的・魔術的認識から現実的・科学的認識の方向へと直線的に発達が進行していくのかというと、そうではありません。富田 (2011) によると、4歳半から8歳頃にかけて、子どもたちはリアリティという観点から身の回りの世界を「アリエル」世界と「アリエナイ」世界、すなわち、「現実、真実、本物、

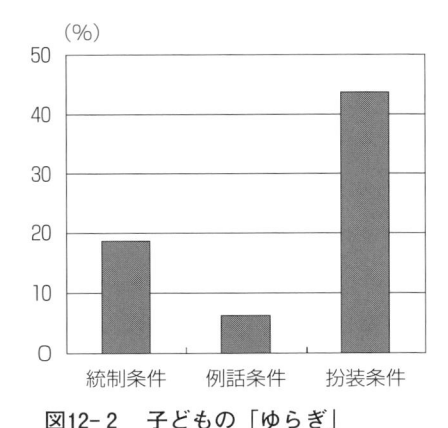

図12-2 子どもの「ゆらぎ」
（富田ほか、2003をもとに作成）
恐ろしい怪物を想像した空っぽの箱の中に指を入れるよう求めたとき、それを拒否する子どもは実験者が魔女の扮装をしている条件で多くみられた。

実在」の世界と「空想，虚構，偽物，非実在」の世界とに分類し始めます。そして「ゆらぎ」とは，まさにその過程において生じるのです。

「ゆらぎ」をとらえた代表的な研究として，ハリスら（Harris et al., 1991）やサボツキー（Subbotsky, 1994）の研究があげられます。彼らの研究では，すでに現実的・科学的認識をもつに至っている4～6歳児たちが，部屋に一人で残されたり，物語や実物の支えを与えられたりすると，いとも容易く空想的・魔術的認識に傾倒したかのような反応をし始めることが報告されています。そして同様の結果は，わが国の研究においてもくり返されています（富田，2004；富田ほか，2003，図12-2参照）。

こうした「ゆらぎ」は日常の保育場面では古くから観察されてきたことですが（岩附・河崎，1987；斎藤・河崎，1991），問題はそれがいったい何を意味するのかです。従来の研究では，単にこの年齢の子どもたちはまだ安定的な認識を獲得するに至っていないためではないかと考えられてきました。しかし，そのような見方は現実的・科学的認識は優れていて，空想的・魔術的認識は劣っているとの見方へとつながります。従って，ここではその「ゆらぎ」の意味をもっと別の角度からとらえてみたいと思います。つまり，この4歳半から8歳の時期に「ゆらぎ」を経験することそのものが，彼らの将来の発達にとって積極的な意味をもつとする考え方です。

富田（2011）は，この時期，子どもたちは「アリエル」世界と「アリエナイ」世界以外に「アリエナイけどアリエルかもしれない」という思いを受容する「第三の世界」を作り出し，そこにおいて多元的世界を形成していくと述べ，

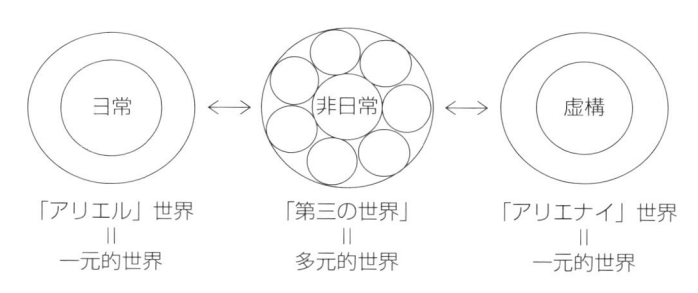

日常　←→　非日常　←→　虚構

「アリエル」世界　　「第三の世界」　　「アリエナイ」世界
＝　　　　　　　　＝　　　　　　　　＝
一元的世界　　　　多元的世界　　　　一元的世界

図12-3　「第三の世界」の形成（富田，2011をもとに作成）
幼年期の多元的世界の形成は後の発達の豊かさへと繋がる？

そして,「ゆらぎ」とはその形成期において生じるとしています（図12-3）。世界を「アリエル」か「アリエナイ」かの一元的視点でとらえるのではなく,「アリエナイけどアリエルかもしれない」といった多元的視点でとらえる, そうした視点にもとづいて成り立っている世界が, この「第三の世界」＝「多元的世界」なのです。そして, 4歳半から8歳頃にかけて, 想像世界の迫り来るリアリティを豊かに経験しながら,「多元的世界」を多様なかたちで形成していくことそのものが, 子どもたちの後の将来の豊かさへとつながっていくのではないか, というのが富田（2011）の主張です。とはいえ,「ゆらぎ」に焦点をあてた研究は数少なく, この仮説自体が正しいのかどうかもまだ不明です。若い研究者たちによる今後の研究が待たれるところです。

3）ごっこ遊びを豊かにするために

最後に, 本章で紹介してきた研究が保育・幼児教育実践にどのように貢献する可能性を秘めているのかについて述べておくことにしましょう。本章ではここまで, 子どもの想像世界を中心に扱ってきましたが, にもかかわらず「ごっこ遊び」についての記述がないことに違和感を感じた方もいらっしゃるのではないでしょうか。ごっこ遊びは子どもの遊びのいわば王道です。誰もが通る道であり, すべてが通じる道, それがごっこ遊びです。しかし, ごっこ遊びについての研究はこれまで数多くなされてきたものの, その多くは認知発達や運動発達, 社会性発達への貢献に注目したものであり, ごっこ遊びの豊かさやおもしろさそのものに焦点をあてた研究はほとんどありませんでした（河崎, 1994）。本章で紹介した研究もまた, 認知発達研究がその多くを占めましたが, しかし, 想像世界のリアリティという観点から読み解くと, ごっこ遊びの豊かさやおもしろさを知る手がかりとして活かすことができるように思います。

そもそもごっこ遊びを本章でここまでとりあげなかった理由は, その遊び自体が本章で示した四分類のいずれか1つに収まるものではなく, すべてを含み込むものであったからです。ごっこ遊びには, 心的表象, 外的表象, 私的虚構, 公的虚構のすべてのリアリティの問題が含まれます。ごっこ遊びの最中に, 頭の中にそのイメージを思い描くだけで, 何だかその気になってきたり, 水たまりや穴ぼこを何か別のものに見立てて遊ぶうちに, それが本物であるかのような気になってきたり, 友だちとおしゃべりする中で, その本物らしさがさらに

高まってきたり，そうしてどんどん遊びが盛りあがり，絵本やテレビなどの空想上のキャラクターも加わるうちに，遊びはとんでもない方向に進んでしまったり……などといったことは，保育園や幼稚園でしばしば見られる光景です。そこでは想像世界のリアリティについての認識発達など関係ありません。発達していなくても楽しめるし，発達していても楽しめるのです。しかし，その認識発達の状態如何によって，楽しみ方が異なることは確かで，そのことは子どもの保育・教育にかかわる大人であれば，知っておいて損はないと思います。

たとえば，2，3歳児クラスで先生が怖い魔女やオオカミの役になって，子どもたちは小さなカエルや子ブタの役になって追いかけ─逃げる遊びをしていると，突然数名の子どもたちが泣き始めます。何かと思えば，怖い魔女やオオカミを想像するだけで本気で怖くなってしまったというのです。先生は何も扮装などしていません。ただほんの少し声色を変えて追いかけただけでこのようなことが起きてしまうのです（高崎，1996）。これは心的表象の迫り来るリアリティを強く感じやすい2，3歳児ならではのエピソードといえましょう。

また，4，5歳児でも巧妙な扮装や証拠群を用意すれば，本物らしく見せることができます。たとえば，ある園で5歳児クラスのお泊り保育に参加したときのこと，2日目に近くの山で探検遊びをすることになりました。道のポイントには魔女に扮装した保育者が待ち構え，子どもたちになぞなぞを出します。子どもたちはそれを解かないと先に進むことができず，見事なぞなぞをクリアして目標とする山の向こうに辿り着けば終了です。辿り着いた子どもたちは喜び勇んで担任の先生のもとに行き，口々にこう言います。「あのね，途中にね，怖い魔女がおった！」。実はその先生こそが扮装した魔女の正体であるにもかかわらず。外的表象や公的虚構のリアリティの強さをうかがわせるエピソードといえるでしょう。

このように，保育園や幼稚園においてごっこ遊びをより豊かに楽しむうえで，本章で示した研究は貢献できるはずです。保育現場におけるごっこ遊びの豊かさ・おもしろさを紹介した本は，『エルマーになった子どもたち』（岩附・河崎，1987），『ボクらはへなそうる探検隊』（斎藤・河崎，1991），『子ども心と秋の空』（加用，1990），『忍者にであった子どもたち』（加用，1994）など，これまで多数出版されています。この機会にぜひご一読をおすすめします。そのうえで，もう一度本章を読み直すと，また新たな発見があるかもしれません。

引用文献

麻生　武・塚本靖子（1997）．就学前の子どもたちの夢理解：夢の中でまんじゅうをたらふく食べれば目覚めたとき満腹だろうか？　奈良女子大学文学部研究年報，41，111-129．

Flavell, J.H., Flavell, E.R., & Green, F.L. (1983). Development of the appearance-reality distinction. *Cognitive Psychology*, 15, 95-120.

Harris, P.L., Brown, E., Marriott, C., Whittall, S., & Harmer, S. (1991). Monsters, ghosts, and witches: Testing the limits of the fantasy-reality distinction in young children. *British Journal of Developmental Psychology*, 9, 105-123.

伊藤玲子・村野井均・吉田倫幸・篠田伸夫（1984）．テレビからの働きかけに対する乳幼児の反応とそばにいる人間の役割．日本教育心理学会発表論文集，26，98-99．

岩附啓子・河崎道夫（1987）．エルマーになった子どもたち．ひとなる書房．

河崎道夫（1994）．あそびのひみつ．ひとなる書房．

加用文男（1990）．子ども心と秋の空．ひとなる書房．

加用文男（1994）．忍者にであった子どもたち．ミネルヴァ書房．

木村美奈子・加藤義信（2006）．幼児のビデオ映像理解の発達：子どもは映像の表象性をどのように認識するか？　発達心理学研究，17，126-137．

Kowitz, G.T., & Tigner, E.J. (1961). Tell me about Santa Claus: A study of concept change. *Elementary School Journal*, 62, 130-133.

森加代子（1995）．幼児にとっての「大人になる」という現実．奈良女子大学人間文化研究科年報，10，31-39．

村野井均・杉原一昭（1984）．テレビに映った人間像に対する乳幼児の反応の特徴：視聴距離と虚構認識を中心に．筑波大学心理学研究，6，49-56．

ピアジェ，J．大伴　茂（訳）（1955）．臨床児童心理学Ⅱ　児童の世界観．同文書院（Piaget, J. (1926). *La representation du monde chez l'enfant.* Geneve: Institut J.J. Rousseau.）

Prentice, N.M., Manosevitz, M., & Hubbs, L. (1978). Imaginary figures of early childhood: Santa Claus, Easter Bunny, and the Tooth Fairy. *American Journal of Orthopsychiatry*, 48, 618-628.

Rosengren, K.S., Johnson C.N., & Harris, P.L., (Eds.) (2000). *Imagining the impossible: Magical, scientific, and religious thinking in children.* Cambridge: Cambridge University Press.

斎藤桂子・河崎道夫（1991）．ボクらはへなそうる探検隊．ひとなる書房．

Singer, D.G., & Singer, J.L. (1990). *The house of make-believe: Children's play and developing imagination.* MA: Harvard University Press.（シンガー，D.G.，シンガー，J.L. 高橋たまき・無藤　隆・戸田須恵子・新谷和代（訳）（1997）．遊びがひらく想像力——創造的人間

への道筋．新曜社．）
Subbotsky, E. (1994). Early rationality and magical thinking in preschoolers: Space and time. *British Journal of Developmental Psychology*, 12, 97-108.
Subbotsky, E. (2010). *Magic and the mind*. New York: Oxford University Press.
Svendsen, M. (1934). Children's imaginary companions. *Archives of Neurology and Psychiatry*, 2, 985-999.
高崎温美（1996）．3歳児のごっこ：いじめっ子はるちゃんとまおう編．現代と保育，39, 92-109.
Taylor, B.J., & Howell, R.J. (1973). The ability of three-, four-, and five-year-old children to distinguish fantasy from reality. *Journal of Genetic Psychology*, 122, 315-318.
富田昌平（2002a）．実在か非実在か：空想の存在に対する幼児・児童の認識．発達心理学研究，13, 122-135.
富田昌平（2002b）．子どもの空想の友達に関する文献展望．山口芸術短期大学研究紀要，34, 19-36.
富田昌平（2004）．幼児における想像の現実性判断と空想／現実の区別認識との関連．発達心理学研究，15, 230-240.
富田昌平（2009）．幼児におけるサンタクロースのリアリティに対する認識．発達心理学研究，20, 177-188.
富田昌平（2011）．ファンタジーと現実に生きる子どもたち．木下孝司・加用文男・加藤義信（編）心的世界のゆらぎと発達．ミネルヴァ書房．pp.165-195.
富田昌平・小坂圭子・古賀美幸・清水聡子（2003）．幼児による想像の現実性判断における状況の迫真性，実在性認識，感情喚起の影響．発達心理学研究，14, 124-135.
Wellman, H.M., & Estes, D. (1986). Early understanding of mental entities: A reexamination of childhood realism. *Child Development*, 57, 910-923.

Column

●この研究を始めたきっかけは？

　子ども時代のことを学生や同僚に話すと，必ずと言ってよいほど「よくそんなに細かいことを覚えているね」と言われます。子ども時代には想像的なものを信じたり，想像的な遊びに没入することが大好きでした。それをしているとドキドキワクワク，何だか幸せな気分になれました。「想像」と「感情」が，私の子ども時代の記憶のキーワードです。必然的にそれが卒業研究以来，私の研究テーマになりました。

●一番工夫した点は？

　研究ではこれまで，サンタクロースや空想の友だち，恐ろしい怪物や将来の夢，絵本の物語や手品などをとりあげてきました。研究で工夫していることは，どうしたら子どもたちの生き生きとした言葉や行動をつかみとることができるか。これは容易ではありませんが，常にそのことを念頭においています。

●一番苦労した点は？

　想像や感情，あるいはファンタジーといった分野は，非常に厄介です。きわめて個人的で主観的な内容ですので，データの一つひとつはとても楽しく魅力に満ちていますが，それゆえに型にはまることを嫌うというか，とにかく扱いが難しいのです。苦労と言えば，やはりそれでしょうか。また，子どもにとってきわめて神聖な領域を扱っているということにも，十分留意しておく必要があります。

●こんなところがおもしろい！

　この分野の研究をしてみたいという方は，かなりの変わり者と言わざるをえません（笑）。既成の理論にのせることが難しく，かといって独自の理論を創造することも難しい。どこに辿り着くのかわからない旅の一団に身を投じるようなものです。ですが，やりがいはあります。データはもちろんのこと，実験や観察での子どもとのやりとり自体が非常に楽しく魅力的だからです。

　ぜひ本章をきっかけに，一人でも多くの方が足を踏み入れてくれればと思います。

索　引

●欧文

DCCS　41
fMRI　46
IQ　155
WCST　46

●あ行

遊び集団　114
遊び場面　119
「アリエナイ」世界　207
「アリエル」世界　207
暗黙的　115
一次的信念　60
意図　80
意図性　28
意図的側面　25
意味記憶　184
いれて　124
因果関係　86
因果的認識　22
嘘　44
エピソード記憶　185, 187, 192, 194
絵本　204
延滞模倣　184
覚える　189, 190
親子　16

●か行

絵画語い発達検査　171
回顧的な意識　191
外的状況　130, 131

外的表象　199
外的表象のリアリティ　202
回答可能質問　169
回答不可能質問　169
会話理解　178
会話力　193
過去の経験　132-134, 137
下前頭領域　46
観察　122
感情の性質　142
感情理解研究　142
感動　142
記憶語　190, 191
期待背反法　23, 62, 64
9歳, 10歳のふし　158
教育的介入　142
強制選択質問　178
共同注意　9, 149
近赤外分光装置　47
空想的・魔術的認識　207
空想の友だち　203
区画／コーナー遊び　122
組み立て遊び　123
結果　102
結果主義　102
現実世界　198
現実的・科学的認識　207
肯定バイアス　167, 173
公的虚構　200
公的虚構のリアリティ　204
功利主義的　78
心の状態　80
心の理解　33
心の理論　33, 43, 58, 60, 61, 63, 65-67, 80, 94, 149, 150
心の理論の発展形　104
個人に特有な情報　130
誤信念課題　43, 58, 59, 61, 64, 65
こだわり　155

ごっこ遊び　116
コールバーグ　76

●さ行

再認　189-191
作為　81
錯視　87
サンタクロース　205
時間的広がりをもった感情の理解　134, 135, 141
指示待ち行動　160
自然観察　116
実行機能　61, 65-68, 89
実在論　201
質問行動　34
質問手法　168
私的虚構　199
私的虚構のリアリティ　203
自伝的記憶　185
自動的　176
自閉症　49
社会性　42, 193, 194
社会的規範　100
就学前児　33
主体性　148
手段―目標の関係　26
馴化―脱馴化法　23
常同行為　155
衝突駆動事象　22
将来の夢　205
初語　12
進化心理学　79
新生児　32
心的状態　33, 130-132
心的表象　199
心的表象のリアリティ　200
砂遊び　123
スマーティー課題　59, 96
生活年齢　171

生得性　32, 61, 64, 79
積極的教示行為　151, 152
接触作用性の原理　24
選好注視法　184
前頭前野　46
前頭葉　41
相互作用　117, 125
相互作用のきっかけ　113
想像世界　198
想像世界のリアリティ　198
想像と現実の区別　198
その人らしさ　94
素朴楽天主義　101

● た 行

第三の世界　208
対人認知　107
大脳皮質　46
多元的世界　208
他者との相互作用　136
知識状態　80
知識の呪縛　44
知的障害　156
注意欠陥多動性症候群　49
直観　78
定言的　78
テレビ映像　202
テレビの登場人物　205
伝聞情報　188
動機　102
道徳　76
道徳性　76
道徳判断　76
特性推論　106
特性推論研究　107
特性の「安定性」　96
特性の「因果性」　97
特別支援教育　89
トレーニング　49

● な 行

内的特性　132, 133, 136, 138
仲間入り　114
仲間入りルール　122
仲間関係　113
泣き　16
ナラティブ　185
二次的信念　60
乳児　22
認知バイアス　87
ネガティブな特性　97
根にもつ　141
年少児　187-189, 193

● は 行

パーソナリティ特性　94
発達障害　33, 155
反応バイアス　167, 170
ピアジェ　76
否定バイアス　170, 174
ビデオ起こし　117
表情　16, 131
ファンタジー　199
不作為　81
不作為バイアス　84
物理的因果性　22
文化差　50
扮装物　206
保育　125
保育園　3
防犯・安全教育　106
方略　119
ポジティブな特性　97

● ま 行

満足の遅延　41
見かけと現実の区別課題　168

ミラーシステム　33
明示的　115
メタ認知　106
目標指向性　26
模倣　7, 26, 124

● や 行

躍動遊び　124
指さし　4
夢　201
ゆらぎ　198
幼児期　126
幼児期健忘　183, 185-187, 191
予期注視法　62
抑制　173
抑制制御　65, 66, 89

● ら 行

楽天的な人間観　101
ラポール　177
リアリティ　198
利己的　158
理性　76
リーチング　32
理論説　61, 67
臨床発達　33
ルール遊び　124

● わ 行

ワーキングメモリ　65, 66
忘れる　189, 190

執筆者

岸本　健（きしもと　たけし）1章
聖心女子大学文学部准教授。博士（人間科学）。専門は，発達心理学。
主著に『発達科学ハンドブック：9 社会的認知の発達科学』（分担執筆，新曜社），"Cross-sectional and longitudinal observations of pointing gestures by infants and their caregivers in Japan."（単著，*Cognitive Development*, 43, 235-244.）ほか。

小杉大輔（こすぎ　だいすけ）2章
静岡文化芸術大学文化政策学部准教授。博士（文学）。専門は，発達心理学，社会心理学。
主著に『実験で学ぶ発達心理学』（分担執筆，ナカニシヤ出版）ほか。

森口佑介（もりぐち　ゆうすけ）3章
京都大学大学院教育学研究科准教授。博士（文学）。専門は，発達心理学，認知神経科学。
主著に『わたしを律するわたし』（単著，京都大学学術出版会），『おさなごころを科学する——進化する乳幼児観』（単著，新曜社）"Comparative perspectives on animal and human emotion"（分担執筆，Springer），『自己制御の発達と支援』（編著，金子書房）ほか。

瀬野由衣（せの　ゆい）4章
愛知県立大学教育福祉学部准教授。博士（心理学）。専門は，発達心理学。
主著に『子どもの心的世界のゆらぎと発達——表象発達をめぐる不思議』（分担執筆，ミネルヴァ書房），『資料でわかる 認知発達心理学入門』（分担執筆，ひとなる書房）。

林　創（はやし　はじむ）5章　編者

清水由紀（しみず　ゆき）6章　編者

松井愛奈（まつい　まな）7章
甲南女子大学人間科学部准教授。博士（人文科学）。専門は，保育学，発達心理学。
主著に『保育の実践・原理・内容——写真でよみとく保育』（共同編著，ミネルヴァ書房），『原著で学ぶ社会性の発達』（分担執筆，ナカニシヤ出版），『進化発達心理学——ヒトの本性の起源』（共訳，新曜社）ほか。

麻生良太（あそう　りょうた）8章
大分大学教育学部附属教育実践総合センター准教授。専門は，発達心理学。
主な論文に「時間的広がりを持った感情理解の発達変化：状況に依拠した推論から他者の思考に依拠した推論へ」（共著，発達心理学研究，21，1-11.）,「幼児における時間的広がりを持った感情理解の発達：感情を抱く主体の差異と感情生起の原因となる対象の差異の観点から」（共著，発達心理学研究，18，163-173.）。

赤木和重（あかぎ　かずしげ）9章
神戸大学大学院人間発達環境学研究科准教授。博士（学術）。専門は，発達障害心理学。
主著に『アメリカの教室に入ってみた——貧困地区の公立学校から超インクルーシブ教育まで』（単著，ひとなる書房），『目からウロコ！　驚愕と共感の自閉症スペクトラム入門』（単著，全障研出版部），『キミヤーズの教材・教具——知的好奇心を引き出す』（共編，クリエイツかもがわ）ほか。

大神田麻子（おおかんだ　まこ）10章
追手門学院大学心理学部准教授。博士（文学）。専門は，発達心理学。
主著に「就学前児における反応バイアスの発達的変化」（単著，心理学評論，53，545-561.），"When do children exhibit a yes bias?"（共著，*Child Development*, 81, 568-580.）ほか。

上原　泉（うえはら　いずみ）11章
お茶の水女子大学人間発達教育科学研究所准教授。博士（学術）。専門は，発達心理学，認知心理学。
主著に『想像——心と身体の接点』（共著，ナカニシヤ出版），『発達心理学概論』（分担執筆，放送大学教育振興会），『自己心理学　第4巻　認知心理学へのアプローチ』（分担執筆，金子書房），『自伝的記憶の心理学』（分担執筆，北大路書房）ほか。

富田昌平（とみた　しょうへい）12章
三重大学教育学部教授。博士（学校教育学）。専門は，発達心理学，保育学。
主著に『幼児期における空想世界に対する認識の発達』（単著，風間書房），『子どもとつくる2歳児保育』（編著，ひとなる書房），『やさしい発達心理学』（分担執筆，ナカニシヤ出版），『確かな感性と認識を育てる保育』（編著，新読書社），『子どもの心的世界のゆらぎと発達』（分担執筆，ミネルヴァ書房）ほか。

編　者

清水由紀（しみず　ゆき）
埼玉大学教育学部准教授。博士（人文科学）。
専門は，発達心理学，社会心理学。
主著に『学校と子ども理解の心理学』（編著，金子書房），『パーソナリティ特性推論の発達過程——幼児期・児童期を中心とした他者理解の発達モデル』（単著，風間書房），『いちばんはじめに読む心理学の本　発達心理学』（分担執筆，ミネルヴァ書房）ほか。

林　　創（はやし　はじむ）
神戸大学大学院人間発達環境学研究科准教授。博士（教育学）。
専門は，発達心理学，教育心理学。
主著に『子どもの社会的な心の発達——コミュニケーションのめばえと深まり』（単著，金子書房），『問いからはじめる発達心理学——生涯にわたる育ちの科学』（共著，有斐閣），『大学生のためのリサーチリテラシー入門——研究のための8つの力』（共著，ミネルヴァ書房）ほか。

他者とかかわる心の発達心理学
―― 子どもの社会性はどのように育つか

2012年3月30日　初版第1刷発行　　　　　　　　　　　　　　検印省略
2018年10月30日　初版第5刷発行

編　者	清水由紀	
	林　　創	
発行者	金子紀子	
発行所	株式会社 金子書房	

〒112-0012 東京都文京区大塚3-3-7
TEL03-3941-0111／FAX03-3941-0163
振替00180-9-103376
URL　http://www.kanekoshobo.co.jp

印刷／藤原印刷株式会社　　製本／株式会社宮製本所

Ⓒ Yuki Shimizu, Hajimu Hayashi, et al., 2012　　　　Printed in Japan
ISBN978-4-7608-2831-9　　C3011